돈 좀 모아볼까?
따라하는 재테크

돈 좀 모아볼까?

김경환 지음

따라하는 재테크

가디언

차례

PART 2
재테크, 아무것도 모르겠는데 무얼 어떻게 할까요?

CHAPTER 1
머리 아픈 건 싫은데, 재테크는 시작해야겠어!

CHAPTER 2
주위에서 투자를 한다는데, 나도 한번 해볼까?

"재테크를 막 시작해보려는데,
책 한 권만 추천해주세요"

몇백 건의 재무상담과 강의를 하며 매번 받았던 요청입니다.

그런데 막상 책을 추천해주려고 보니 마땅한 책이 보이지 않았습니다. 이런 게 있다, 저런 게 있다, 이건 이렇게 하면 된다, 저건 저렇게 하는 거다라는 식의 '정보 전달' 위주의 책들만 있다 보니, 결국 읽고 나면 '지식'만 쌓이게 될 게 뻔했습니다. 그래서 추천하기가 망설여지더라고요.

그래서 고민하다가 제가 책을 집필해서 나눠줘야겠다고 생각했습니다. 정보의 나열이 아닌, '실제로 따라 할 수 있는' 책을 써보기로 마음먹었습니다. 결국 실천하지 않으면 계속 이런저런 책들만 찾아다니다가 지치게 될 테니까요. 독자들이 더는 방황하지 않기를 바라는 마음에서, 진짜 실천할 수 있는 책을 써보기로 했던 것입니다.

저는 대학시절, 심리학을 전공했습니다. 심리학을 배우면서 사람들을 관찰하고, 사람들이 어떻게 생각하고 행동하는지를 연구했습니다. 회계사로 일을 하면서도 제가 배웠던 지식과 경험을 토대로 사람들이 원하는 게 무엇이고 그걸 위해 어떤 노력을 하는지, 그 결과를 두고 행복해하고 만족해하는지를 분석하며 시간을 보냈습니다. 상담이 끝나면 짧게나마 그걸 코멘트로 적어두곤 했지요.

이 책은 실천을 통해 쉽게 따라 하면서 돈을 모을 수 있게 도와주는 책입니다. 한 달에 250만 원의 월급을 버는 사회초년생들이 결혼도 하고 집도 사고 자녀도 키울 수 있게 가이드를 해주는 책입니다. 하지만 그것뿐이 아닙니다. 단순히 재무적인 스킬만을 알려주려고 쓴 책이 아닌, 앞으로 살아야 하는 인생과 삶의 과정을 미리 짚어보고, 그 과정과 결과 속에서 결과적으로도 행복을 얻을 수 있도록 도와주는 지침서가 되었으면 하는 마음으로 집필했습니다.

제가 존경하는 선배님께서 항상 '곳간에서 인심난다'라는 표현을 쓰십니다. 곳간이 풍요로워야 인심도 쓸 수 있으니 곳간을 채우기 위해 노력해야 한다는 말씀인데요. 이 책을 읽는 분들 또한 넉넉한 곳간을 가지게 되어 인심이 났으면 하는 마음입니다.

이 책이 여러분의 풍요로운 곳간 한 편에 함께 하기를 바랍니다.

PART 1

친절하게 알려주는
소비생활 꿀팁

재테크, 왜 항상 마음먹은 대로 안 될까요?

돈을 벌기 시작하고 큰 돈이 통장에 들어오면 자신도 모르게 불안해집니다. '드디어 취업을 했구나', '돈을 벌었구나', '이제 맛있는 거 먹고 원하는 거 사야지!' 하는 생각이 들기 마련이지요. 하지만 곧 '이걸 어떻게 관리해야 하지?'라는 생각에 불안감이 듭니다. 막 쓰다가 다 사라져 버리게 되는 건 아닌지 하는 생각도 들고, 다른 사람들은 잘하는데, 나만 돈을 잘 모으지 못하게 될까 봐 불안합니다.

그래서인지 사회초년생들을 만나서 상담을 해보면, 재테크가 어렵게 느껴진다고 합니다. 뭐부터 해야 할지 막막하고, 어떤 걸 하는 게 자신에게 맞는 건가 싶고, 혼자 하는 게 두렵다고들 얘기합니다. 결국, 그렇게 시간이 흘러 실천하지 못한 채 몇 달, 혹은 몇 년을 흘려보냅니다. 책도 읽고 강의도 들어보지만, 막상 실천이 잘 안 됩니다.

재테크, 왜 '실천'이 안 될까요? 실천은 '상황'을 고려해야 하는데, 책이나 강의에서는 여러분 각각의 상황을 일일이 반영하기가 어렵지요. 그러다 보니 '내 상황에는 안 맞아', '이게 나한테 해당되는 거야?'라고 생각하게 되고, 남 얘기처럼 듣게 되는 경우가 많습니다.

더 이상 생각만 하다 지치고, 실천을 망설이던 모습에서 벗어나 실천을 통해 목표를 이룰 수 있게 도와드리겠습니다. 무턱대고 줄이라고, 아껴 쓰라고도 안 하고, 현실적으로 따라 할 수 있는 것들로 친절하게 알려드리려고 합니다. 잘 따라오시면 자연스럽게 돈을 모을 수 있는 환경이 만들어질 것이라 믿습니다!

목표? 일단 돈부터 모이게 해 볼까요?

갓 취업한 친구들, 사회초년생들을 만나 상담을 할 때 가장 먼저 물어보는 것이 있습니다. 돈을 왜 모으고 싶은지에 대해서입니다. 그러면 대부분 이렇게 말합니다. "1억을 모으고 싶어요, 집을 사고 싶어요, 결혼하고 싶어요." 흔히들 말하는 인생의 5대 목표를 '결혼, 집, 자녀, 은퇴, 여가'라고 합니다. 사람들은 이 다섯 개를 위해서 돈을 모은다는 말이기도 하지요.

그런데 좀 더 깊게 들어가 보면, 결국 '불안하지 않은 삶'을 위해 돈을 목표로 삼는구나 하는 생각이 듭니다. 언제 어떻게 돈이 필요할지도 모르고, 하고 싶은 걸 하고 먹고 싶은 걸 먹고 가고 싶은 곳을 가기 위해선 돈이 필요하니까요.

그러니 일단 모아봅시다. 돈이 모이면 자연스럽게 소비 혹은 저축에 대한 목표가 생길 거예요. 경제적 자유라는 표현이 있듯, 자유롭게 살기 위해 일단 모아보도록 합시다. 처음에는 힘들 수도 있지만, 결국 여러분에게 자유를 가져다줄 거예요. 원하는 걸 하려면 돈의 자유와 시간의 자유가 있어야 하는데, 둘 중 하나가 충족되는 것이니까요.

다만, 마음을 먹으셔야 해요. 노력하고 신경쓰는 만큼 잘 될 거예요. 무슨 말인지 와닿게 설명해드릴 테니 차근차근 따라와주세요.

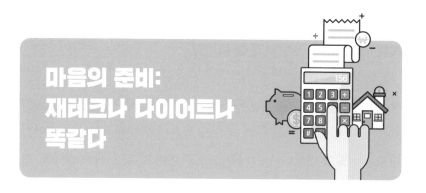

마음의 준비:
재테크나 다이어트나
똑같다

CHECK LIST

- 다이어트를 해야겠다는 마음을 가져본 적 있으신가요? ☐

- 다이어트에 도전해본 적 있으신가요? ☐

- 다이어트에 성공해본 적 있으신가요? ☐

- 살을 빼기 위해 음식 섭취량을 줄여본 적 있으신가요? ☐

- 운동을 위해 PT나 요가 같은 운동을 해본 적 있으신가요? ☐

질문드린 문항에 적어도 2개 이상 해당되신다면! 여러분은 재테크에 도전하고 실천할 준비가 충분히 되신 겁니다! 사실, 재테크나 다이어트나 기본적인 성공 비결은 동일하거든요. 다이어트도 '마음먹어야' 하고 '습관처럼 생활화' 해야 하는 것처럼, 다이어트 준비하는 마음으로 재테크를 하면 분명 잘 되실 거예요.

'다이어트'라는 단어를 보면 여러분은 무엇이 떠오르시나요? (스트레스라고요? 맞아요…) 다이어트는 항상 신경을 써야 하고 매일 하는 것이라고들 하죠.

다이어트를 위해서 급히 살을 빼려고 하다 보면 부작용이 생기는 것처럼, 재테크도 마찬가지로 항상 신경을 쓰면서 꾸준히, 매일 할 수 있어야 합니다. 살이 급격히 빠지지 않는 것처럼 돈도 쉽게 불어나지 않기 때문입니다.

'재테크'라고 하면 가장 먼저 떠오르는 게 뭘까요? 대다수의 20대 분들은 가장 먼저 적금을 떠올리고, 30대는 주식, 40대는 부동산을 떠올립니다. 주위에서 무얼 제일 많이 하는지, 관심 있게 나누는 대화는 무엇인지가 재테크 안에서도 관심사를 결정짓게 합니다.

여러분은 재테크라고 하면 가장 먼저 무엇이 떠오르시나요? 대부분 저축 아니면 투자에 대해 이야기합니다. '적금으로 목돈을 모으고 싶어요(저축)', '돈을 많이 모아서 집을 사고 싶어요(투자)', '주식이나 코인, P2P로 돈을 벌고 싶어요(투자)'와 같은 이야기가 가장 많지요. 하지만 사실 제일 먼저 해야 하는 건 '소비를 일정하게 만드는 것'입니다.

다들 빨리 돈을 모으고 불려서 투자도 하고 투자가 대박이 터져서 집을 사는 그런 시나리오를 상상하지만, '빨리 돈을 모으고'가 좀처럼 쉽게 되질 않습니다. 들어오는 돈은 정해져 있기에 모을 수 있는 돈도 제한적이기 때문이지요. 그렇지만 투자에 앞서 돈을 모으는 건 굉장히 중요합니다. 10만 원을 투자해서 10배가 되면 100만 원인데, 1,000만 원을 투자해서 10배가 되면 1억이 됩니다. 이처럼 투자할 돈이 부족한 경우에는, 오히려 투자를 해서 잘 되어 봤자 '더 큰 돈이 있었더라면' 하는 아쉬움이 크게 남을 것입니다.

현실적으로 당장 여러분이 해야 하는 건 내가 얼마를 저축하고 투자할 수 있을지를 확정하고, 얼마의 기간에 어느 정도 수준의 목돈을 모으겠다와 같은 계획을 짜는 것입니다. 그런데 저축할 수 있는 금액은 소비를 얼마만큼 하느냐에 따라 달라지기 때문에, 소비를 일정하게 만드는 것이 제일 먼저 필요한 것이지요.

사례를 하나 들어볼게요. 어쩌면 이 책을 읽고 계신 여러분의 모습일지도 몰라요.

주영이는 취업한 지 1년이 다 되어가는 신입사원입니다. 그런데 고민이 생겼어요. 잦은 회식과 야근 때문에 어느새 살이 많이 쪄버린 거예요. 상반기 공채로 입사해서 이제 봄이 오고 있고, 곧 있으면 여름이 될 거 같아서 다이어트를 해야겠다고 결심을 합니다.

다이어트를 하기로 마음먹고 헬스장에 가서 PT를 끊었어요. 필라테스도 30회 끊었고요. 그런데, 정작 먹는 건 줄이고 싶지 않았어요. 회사에서 받는 스트레스를 먹는 것으로 푸는 게 인생의 즐거움이었고, 먹방을 보는 게 즐거웠거든요. '운동만 열심히 하면 살은 빠질 거야. 칼로리가 운동으로 태워질 테니까'라는 생각으로 다이어트에 임했답니다.

한편, 주원이는 주영이의 언니입니다. 취업한 지 3년 차가 되었고, 곧 있으면 다가올 여름을 미리 준비해야겠다는 생각에 다이어트를 결심합니다. 인바디를 측정해보니 하루 평균 기초 대사량이 1,280칼로리가 나왔고, 일단 하루에 섭취하는 칼로리의 양을 1,000칼로리 밑으로 줄이기로 합니다. 아침은 바나나 한 개와 계란 두 개, 점심과 저녁은 다이어트 도시락 300칼로리짜리를 먹기로 결심했어요. 그리고 운동은 집에서 유튜브를 보며 요가를 하기로 마음먹고 요가 매트를 하나 주문했답니다.

주영이는 열심히 헬스장과 필라테스를 다녔고, 주원이도 먹는 양을 열심히 조절하면서 요가를 했어요. 세 달 뒤, 과연 누가 다이어트에 성공했을까요? (말씀 안 드려도 아시겠죠?)

다이어트를 성공하는 방법은 두 가지가 있습니다. 적게 먹는 것, 그리고 지방을 태우는 것. 많이 먹으면서 지방만 태우는 것이나, 적게 먹으면서 지방은 태우지 않는 것은 아무래도 살이 제대로 빠지지 않거나 요요가 올 확률이 높습니다.

재테크도 마찬가지입니다. 돈을 모으기 위해서는 돈을 더 버는 것, 그리고 소비를 줄이는 것이 둘 다 필요합니다. 돈을 더 벌기 위해서는 월급 외의 돈이 들어오는 구조를 만들어야 하고(월세수입이나 배당수익 등), 소비를 줄이기 위해서는 얼마를 쓸지 정하고 지켜야 합니다. 돈을 더 벌기 위해서는 저축과 투자를 해야 할 테고 이를 위해서는 목돈을 모아야 하니, 결국 소비를 줄일 수 있는 방법을 찾아 '소비를 일정하게 만드는 것'이 핵심이 되겠네요.

다이어트 성공 비결과 재테크 성공 비결은 같다!

빈칸에 들어갈 말을 생각해보고 명심하세요!

다이어트 성공 비결	=	재테크 성공 비결

기초 대사 칼로리양을 확인한 뒤, 칼로리 섭취량을 기초 대사량 이하로 줄인다.	=	현재의 소비를 확인한 뒤, 최대 (ㅅ ㅂ ㄱ ㅇ)을 정하고 소비를 그 이하로 줄인다.
다이어트에 적합한 운동을 통해 소모 칼로리양을 늘린다.	=	(ㅈ ㅊ 과 ㅌ ㅈ)를 통해 잔고를 늘린다. 돈을 더 버는 구조를 만든다.

❶ : 소비금액

❷ : 저축과 투자

현실 점검: 카드 내역부터 살펴보기

CHECK LIST

- 나의 한 달 카드 소비 금액을 정확하게 알고 있나요? ☐

- 한 달에 소비하는 금액이 일정한가요? ☐

- 나의 한 달 소비 금액 중 가장 많이 차지하는 소비가 무엇인지 ☐
  알고 있나요?

- 내가 한 달에 고정적으로 사용하는 지출 비용이 얼마인지 알고 ☐
  있나요?

🗨 2개 이상 체크했다면 여러분은 소비를 더 줄일 수 있는 가능성이 매우 높습니다! 여러분은 카드 청구서를 받아 보았을 때 '아, 이번 달은 왜 이렇게 돈을 많이 썼지?', '이 돈은 굳이 안 써도 되는 돈이었는데' 하는 생각을 해보신 적 없으신가요? 재테크의 성공! 소비를 줄이는 것부터 시작됩니다.

재테크를 하는 데 있어 제일 먼저 해야 하는 게 '소비를 일정하게 만드는 것'이라고 말씀드렸는데요. 버는 돈에서 얼마까지 소비할지를 정하고, 얼마를 쓰는 게 적당한지를 정해야 한다고 말씀드렸습니다.

머리로는 다 이해하셨죠? '소비 금액을 딱 정해야겠다.' 그런데, 어떻게요? 조언을 해주거나 동기 부여를 해주는 책들을 읽어보면, 다 맞는 말 같고 그대로 따라만 하면 될 것 같은데요. 막상 책을 읽기 전과 후가 크게 달라지지 않는 경우가 많습니다. 어떻게 행동해야 하는지, 즉 행동 플랜이 없는 경우가 많기 때문인데요. 이해에서 실천으로 이어지지 않으면 결국 머릿속으로만 돈을 모으게 됩니다. 그래서 이 책에서는 최대한 따라서 행동할 수 있도록, 그리고 행동만 하면 자연스럽게 그 원리를 터득해서 습관이 배도록 도와드릴 예정입니다.

소비 금액은 어떻게 정하면 될까요? 우선 핸드폰을 열고 카드 결제 내역을 확인해보세요. 요새는 핸드폰에 다 연동되어 있기 때문에 쉽게 확인할 수 있습니다. 주로 사용하는 금융기관 어플을 들어가서, 신용카드라면 1달 동안의 누적 결제금액이 얼마인지 확인해보고, 체크카드라면 잔액이 1달 동안 어떻게 줄어들었는지 확인해보세요. 시럽이나 뱅크샐러드, 어카운트인포 같은 어플에서도 확인이 가능합니다. 카드 사용 금액을 쭉 살펴보면서 총 얼마를 썼는지, 큰 금액이 어디서 나갔는지 살펴보는 게 필요합니다.

저는 확인해보니 100만 원을 기준으로 주유비 17만 원, 식대 22만 원, 쇼핑 23만 원, 여행 10만 원 정도를 소비하고 있네요.

주유	식사	쇼핑	여행	기타	합계
구도일주유소 5만 원 수지 주유소 5만 원 가재울주유소 7만 원	설렁탕 2만 원 상상 7만 원 닭갈비 4만 원 양꼬치 5.5만 원 닭갈비 1.8만 원 추어탕 2만 원	면세점 14만 원 백화점 5만 원 아울렛 4만 원	아고다 7만 원 메이 3만 원	· · ·	100만 원
17만 원	22만 원	23만 원	10만 원	28만 원	

여러분도 지금 바로 해보세요. 굵직한 걸 기준으로 적어보시는 겁니다. 식대, 쇼핑, 미용, 여행. 이런 식으로 스스로 구분을 해보는 거예요. 그리고 나면 어떤 부분에서 돈이 많이 나가는지 알 수 있답니다.

그렇게 하고 나면, 반드시 필요한 지출인지, 꼭 필요하진 않았던 지출이 포함되지는 않았는지 확인해보세요. 저한테는 주유비가 반드시 나가야 하는 돈, 식사 중 60%가량은 반드시 나가야 하는 돈입니다. 나머지 쇼핑이나 여행은 조절이 가능한 돈이고요. 그러면 제게 있어서 기타 28만 원과 주유 17만 원, 식사 13만 원(22만 원의 60% 수준)의 합인 58만 원은 꼭 필요한 소비인 것이 됩니다. 그 이상은 줄일 수 있는 소비가 되겠지요. 아래와 같이 추가로 칸을 늘려서 작성해보세요.

구분	주유	식사	쇼핑	여행	기타	합계
소비 금액	17만 원	22만 원	23만 원	10만 원	28만 원	100만 원
반드시 필요	17만 원	13만 원			28만 원	58만 원
꼭 필요하진 않음		9만 원	23만 원	10만 원		42만 원

저의 경우에는 최대 소비가 100만 원, 필수 소비 58만 원이네요. 그럼 나머지 '꼭 필요하진 않은' 소비인 42만 원을 관리하는 겁니다. 이건 줄일 수 있다는 의미니까요. 절반 정도로 줄이는 걸 목표로 세우면 됩니다. 이렇게 되면 42만 원을 반으로 나눠 필수 소비에 더해주면 되겠죠? 앞으로의 소비 목표 금액은 79만 원(58만 원+21만 원)이 되는 것입니다. 이 금액은 최대 소비와 필수 소비의 평균인 79만 원((100+58)/2)과 동일합니다. 즉, 58만 원은 꼭 나가야만 하는 금액인데, 100만 원까지는 쓸 수 있으니 그 중간 금액을 목표로 소비를 해보자는 거예요.

정답은 없지만, 이렇게 정해두면 소비를 일정하게 맞출 수 있습니다. 얼마를 써야 하는지가 좀 더 명확해지니까 조절도 가능하고요.

이렇게 정하고 나면, 저는 매달 약 80만 원을 쓰기로 정하고 일정하게 소비하기로 정하면 되는 거예요. 80만 원을 쓰는 게 불가능할 것 같다면, 필수 소비를 너무 적게 잡은 것 때문일 것입니다. (필수 소비를 줄일 수 있는 방법을 이 책 바로 뒤에서 알려 드릴 예정이니 너무 걱정하지 마세요.) 어쨌든 지금은 '딱 얼마를 써야겠다!'라는 걸 정하는 것이 제일 중요합니다.

따라해보셨나요? 당장 책을 더 넘기는 게 중요한 것이 아니에요. 당장 따라해보시고, 얼마를 최대로 쓰고 있는데, 그중에 얼마가 반드시 필요한 소비인지 꼭 확인해보시기 바랍니다.

나의 월 소득과 소비

빈칸에 나의 월 소득과 소비를 구분해서 구체적으로 적어보세요!
그리고 나의 최대 지출과 필수 지출, 평균 지출을 계산해 봅시다!

월 소득	원	월 소비	원
		잔액	원
월세(고정)		옷 산 돈(변동)	
전세이자(고정)		화장품 산 돈(일부 고정)	
관리비(고정)		미용실 간 돈(변동)	
밥값(일부 고정)		쇼핑한 돈(일부 고정)	
술값(변동)		여행간 돈(변동)	
차량유지비(변동)		문화생활비(변동)	
교통비(일부 고정)		통신비(고정)	
병원비(일부 고정)		부모님 용돈(일부 고정)	
모임비(고정)		기타(변동)	
고정지출		변동지출	

그래서,

나의 최대 지출은 _____ (고정지출 + 변동지출)

나의 필수 지출은 _____ (고정지출 + 변동지출 중 일부 필수 금액)

나의 평균 지출은 ───────── (앞으로의 일정 소비 금액, 희망이자 목표)

(최대 지출 + 필수 지출) / 2

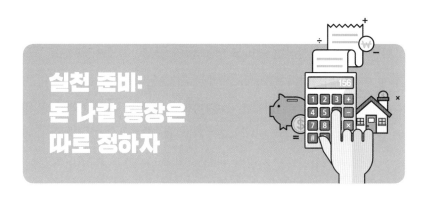

실천 준비:
돈 나갈 통장은
따로 정하자

CHECK LIST

- 말씀드렸던 최대 지출과 평균 지출은 계산하셨나요? ☐

- 사용하고 있는 통장이 세 개 이상인가요? ☐

- 월급 통장 외에 통장을 관리해야 한다는 것을 알고 계셨나요? ☐

- 비상금을 따로 모으시거나 관리하고 계신가요? ☐

(💬) 월급 통장과 소비 통장, 그리고 비상금 통장까지. 모두 구분하여 관리하기만 해도 돈이 모인다는 사실! 알고 계셨나요? 지출을 파악하고 정했다면 이제 통장을 관리해볼 차례입니다. 일단 보유하고 계신 통장의 개수를 파악해보세요! 월급 통장 외에 사용하고 있는 통장이 없다면 다음 내용을 확인하고 추가로 통장을 만들어 봅시다.

방금까지 얼마를 쓰고 얼마를 남길지 알아보는 시간을 가졌습니다. 혹시 그냥 건너뛰셨다면, 꼭 한 번 해보고 오세요. 하기 싫은 마음이 드신다고요? 당연합니다. 괴로울 수도 있어요. 하지만 반드시 필요한 과정입니다. 내가 주로 뭘 많이 먹어서 살이 찐 건지 확인하는 과정과 비슷하기 때문입니다. 고통스럽지만, 나를 가장 살찌우는 음식이 뭔지 알면 이를 조절해서 다이어트를 잘할 수 있으니까요. 이 책은 단순히 정보를 전달하기 위한 것보다는, 실제로 읽고 계신 여러분들이 돈을 잘 관리할 수 있도록 행동을 통해 자연스럽게 습관을 만들어 드리고자 하는 책입니다. 그러니 꼭 해보셔야 해요.

최대 지출과 평균 지출을 정하셨다면, 이제 통장을 구분할 차례입니다. 그 전에, 사례로 지출에 대해 복습을 하고 가보도록 할게요.

수현이는 세후 250만 원의 월급을 버는 직장인입니다. 월세를 살면서 한 달에 50만 원은 월세로, 5만 원은 관리비로 내고 있고, 회사 앞에서 자취를 하다 보니 교통비는 한 달에 3만 원밖에 들지 않습니다. 통신비는 한 달에 7만 원씩 나가고 있고, 요리를 해 먹다 보니 15만 원 정도가 매달 식료품비로 나갑니다. 그렇게 해서 고정비가 총 80만 원 나가고 있는 상황입니다. (월세50 + 관리비5 + 교통비3 + 통신비7 + 요리15 = 고정비 80만 원)

한편, 옷과 쇼핑으로 매달 15만 원 정도를 쓰고 모임비로 5만 원, 화장품과 미용실, 네일아트 비용으로 한 달에 10만 원 정도가 나갑니다. 친구들과 밥과 술을 먹는 데는 30만 원 정도가 들고요. 그렇게 변동비는 60만 원이고, 이 중 필수 변동비는 20만 원 정도라고 판단했습니다.

(쇼핑15 + 모임5 + 품위유지 10 + 식비30 = 변동비 60만 원) 그렇다면, 수현이는 다음과 같은 지출을 확인할 수 있겠지요?

월 소득	250	고정 지출	80	필수 변동	20	일반 변동	40
		최대 지출	140	필수 지출	100	평균 지출	120

위를 토대로 생각해보면, 한 달에 250만 원을 벌어 140만 원을 소비하던 수현이는 이제부터 평균 지출인 120만 원만 쓰기로 계획을 세우면 됩니다. 그런데, 현실적으로 갑자기 20만 원의 소비를 줄이는 게 가능할까요? 솔직히 어렵습니다. '지출을 줄이고, 저축을 많이 해라'라는 말은 마치 '적게 먹고 열심히 운동해라'와 같은 느낌입니다. 말은 쉽지만 실천하기가 굉장히 어려워 사람을 금세 지치게 하지요.

그래서 저는 조금 다른 관점에서 여러분들께 제안을 하고자 합니다. 지출을 줄이지 않더라도 지장이 없도록, 그러면서도 소비를 일정하게 만들 수 있도록 하는 것인데요. 이 방법은 통장에 꼬리표를 붙여 주는 것만으로 가능하게 됩니다. '최대 지출 140 = 평균 지출(지출 희망액) 120+20'인데, 여기서 20만 원을 비상금으로 정하고 비상금 통장에 넣어 둠으로써 통제가 가능합니다.

기존에는 월급 통장에 250을 받아서 140을 쓰는 게 전부였다면, 월급 통장과 소비 통장, 비상금 통장을 구분 지어서 3개의 통장으로 관리하는 것이지요. 월급 통장에 250이 들어오면, 그중 120만 원은 소비 통장에, 20만 원은 비상금 통장에 넣어두는 겁니다. 신용카드와 체크카드는 월급 통장에서 소비 통장에 연결되도록 바꿔주시고요. 통장을 바꾸는 것만으로도 잔고를 본 후 스스로 소비를 통제하는 자신을 발견하게 될 것입니다.

수현이는 250만 원을 벌어서 140만 원을 월급통장에서 빠져나가게 하면서 지내고 있었습니다. 과소비과 심한 것 같다는 생각이 들어서, 소비를 줄이기로 마음먹고 '20만 원 적게 쓰기'를 스마트폰 배경화면에 메모한 후 절약하기로 다짐했습니다. 맛있는 음식과 여행, 쇼핑을 참아보자고 다짐한 후 한 달을 지내기로 했습니다. 무사히 한 달, 두 달이 지났지만 답답함이 쌓여가는 자신을 보고 문득 젊을 때 인생을 즐길 줄 알아야지 하는 생각을 했습니다.

통장을 보니 잔고도 어느 정도 넉넉하게 있어 보였고, 그동안 20만 원씩 적게 쓰느라 고생한 자신을 다독여 주기 위해 2박 3일 제주도 호캉스를 다녀오기로 했습니다. 세 달 치면 60만 원이니까 좋은 곳에서 묵어도 괜찮을 거란 생각에 이름 있는 호텔을 예약했습니다. 지금 수현이는 여행 후 다시 열심히 해봐야지 하고 생각하며 여행 갈 날을 기다리고 있습니다.

한편, 수경이는 수현이와 똑같이 250만 원을 벌어서 140만 원을 쓰고 있었고, 소비를 줄이기 위해 통장을 분리하기로 했습니다. 소비 통장과 비상금 통장을 만들어, 월급날 각각 120만 원과 20만 원을 넣었습니다. 월급날은 25일이었는데, 5가 들어가는 날마다 통장을 확인하기로 마음먹었습니다. 5일이 되었을 때, 소비통장에는 120만 원에서 40만 원이 줄어든 80만 원이 있었습니다. 한 달의 1/3이 지났는데, 소비통장 잔고도 1/3이 줄어들었으니 잘 한 거라고 스스로를 칭찬했습니다. 15일이 되었을 때에도 소비 통장을 확인해 보니 30만 원이 있었습니다. 10일 사이에 50만 원을 썼는데, 10만 원을 더 썼다는 걸 확인하고 나머지 10일은 사고 싶던 신발을 나중에 사기로 했습니다. 그렇게 다시 25일이 되었고, 5만 원이 남아있음을 확인했습니다. 남은 5만 원을 비상금 통장에 넣어주고, 다시 들어온 월급에서 120만 원을 넣어주었습니다. 한편, 비상금 통장에는 25만 원이 남아있었고, 이걸 모아서 여행을 가야겠다고 생각했습니다. 그렇게 3개월이 지나고, 수경이도 수현이처럼 제주도로 여행을 떠났습니다. 최대한 한 달 소비에 맞춰서 여행해보자는 마음으로 가성비 좋은 숙소를 찾아다녔습니다.

여행에서 돌아온 수현이와 수경이. 누가 더 아껴 쓰고 잘 모을 수 있을까요? 수현이는 소비가 120만 원이 넘게 되면 대책이 없습니다. 그냥 모으는 돈이 줄어들게 되죠. 하지만 수경이는 비상금 통장을 별도로 관리하기 때문에, 비상금 통장 잔액만큼은 더 소비해도 지장이 없습니다. 결국, 월급 통장과 소비 통장을 구분해서 쓰는 게 소비 습관을 잡는 시작인 셈입니다. 그리고 여기에 비상금 통장까지 사용하면 더 확실하게 습관을 잡을 수 있습니다. 바로 이어서 살펴보도록 할게요.

TO DO LIST

월급 통장과 소비 통장의 구분!
반드시 실천하고 체크하세요!

1. 통장(소비 통장과 비상금 통장)을 새로 만든다. ☐

2-1. 회사 재무팀에 전화해 월급 통장을 새로 만든 통장으로 ☐
바꿔 달라고 한다. 그리고 기존 월급 통장에 120만 원씩
넣어서 소비 통장처럼 사용한다.

2-2. 쓰고 있는 카드사에 전화해 카드 결제 통장을 새로 만든 ☐
통장으로 바꿔 달라고 한다. 그리고 기존 월급통장에서
소비통장으로 120만 원씩 넣어서 쓴다.

3. 통장을 하나 더 만들어 비상금 통장으로 정하고, 20만 원 ☐
을 넣어서 보관한다.

※ 여기서 120만 원, 20만 원은 여러분이 앞에서 정한 금액이어야겠죠?

소비 관리: 비상금이 있어야 한다

CHECK LIST

- 소비 통장과 비상금 통장을 따로 만들어 보셨나요?　　　　□

- 평소에 비상금을 얼마나 모아 놓으셨나요?　　　　　　　　□

- 평소 예상하지 못했던 돈을 지출해야 할 때 어떻게 돈을 마련하시　□
  나요?

- 예상하지 못했던 지출로 인해 목표로 했던 저축액을 채우지 못한　□
  적은 없나요?

비상금! 굳이 있어야 되는지 잘 모르시겠다고요? 만약 예상하지 못했던 돈을 지출해야 하는 경우 어떻게 대처하시나요? 비상금에는 크게 두 가지 의미가 있습니다. 비상금에 담긴 중요한 의미를 알아봅시다!

지금까지 돈 나갈 통장을 따로 정하고, 비상금 통장도 하나 만들라고 말씀드렸습니다. 통장을 분리하는 이유를 정리해서 말해보자면, 통장에 돈이 쌓여 있으면 얼마를 쓰든 위기감을 적게 느끼고, 조금 더 써도 되겠다는 생각이 들 수 있기 때문에, 소비 통장에 일정 금액을 넣어서 한 달 동안 그 금액만 쓰는 노력을 해야 한다는 것입니다.

월급 통장과 소비 통장을 나누고, 소비 통장에서 일정 금액을 정해두고 쓰는 방식으로 소비를 관리해야 한다는 건 이해하셨을 거예요. 그런데 비상금 통장은 왜 필요할까요? 그냥 월급 통장에서 소비통장으로 소비 목표 금액(앞의 사례로 보면 120만 원)을 넣고, 부족하면 월급통장에서 조금 더 보내서 써도 될 텐데 하는 생각이 드실 수도 있습니다. 하지만 비상금 통장은 소비가 예상보다 더 늘어나는 것을 막아주는 것과 더불어 목돈이 나갈 상황을 대비할 수 있게 해준답니다.

한 달에 120만 원을 쓰기로 하고, 20만 원은 비상금 통장에 모으기를 1년 동안 잘 지키면 비상금 통장에 240만 원이 모여 있을 것입니다. 1년 중 2달은 소비를 많이 해서 비상금 통장에서 20만 원을 꺼내 쓰게 되었다면 40만 원이 덜 모여서 200만 원이 모여 있겠지요. 이 금액이 바로 여행을 가고, 원하는 물건을 살 수 있는 기준 금액이 됩니다. 저축을 꾸준히 하면서 소비를 줄인 보상으로 스스로에게 200만 원, 혹은 240만 원이라는 선물을 주는 것이지요. 그러면서도 110만 원(250만 원 – 120만 원 – 20만 원)을 12개월 동안 모아 1,320만 원의 원금을 모을 수 있습니다.

한편, 만약 비상금 통장 없이 250만 원 중 120만 원을 쓰고 130만 원을 월급 통장에 쌓았다면, 1년 동안 모은 원금은 1,560만 원이 되었을 것입니다. 그런데, 월 120만 원의 지출에는 돌발지출(경조사비, 병원비나 수선비, 과태료 등 갑작스러운 지출)과 대형지출(여행, 명절 용돈, 명품 구입 등)이 반영되어 있지 않다 보니 이 금액들이 1,560만 원에서 나가게 될 거예요. 이렇게 되면 얼마까지 써도 되는지에 대한 기준이 없게 됩니다. 나름 한 달에 얼마까지만 쓰기를 실천하면서 저축을 꾸준히 하는 사람도 예상외의 지출에 대한 기준이 없다 보니, 돈을 제대로 모으지 못하는 경우가 꽤 많습니다. 일 년에 얼마는 모아야 한다는 목표는 얼마까지는 고정적으로 쓰고 얼마까지는 예상 밖의 지출로 나가도 되는지에 대해 정하는 것인데, 저축액(특히, 적금액) 자체에만 신경을 쓰다 보니 돈을 모아놓고 그 뿌듯함(?)에 목돈을 써버리는 경우가 많이 있습니다. 그러다 결국 배보다 배꼽이 더 커지는 상황이 발생하기도 하고요.

정리하면, 비상금은 두 가지 의미가 있는 셈입니다.
첫째, 소비가 늘어서 목표 소비금액을 넘어서는 경우, 소비 통장에 긴급수혈을 해주는 역할.
둘째, 소비를 잘해서 목표 소비금액만 쓰고 남는 경우, 목표를 이룬 나를 위해 주는 선물. 내가 원하는 것을 할 수 있게 해주는 돈.

돈이 모이는 것 자체로 기쁜 것도 좋지만, 결국 그 돈을 내가 원하는 곳에 쓸 수 있어야 기쁨이 커지지 않을까요? 그런 의미에서 비상금을 모으고 쌓아 나가는 것은 저축액을 얼마로 해서 원금이 얼마나 모이느냐보다 더 중요할 수 있답니다.

TO DO LIST

비상금의 의미!
꼭 되새기고 꾸준히 모아봅시다!

첫째, 소비가 늘어서 목표 소비금액을 넘어서는 경우, 소비통장에 긴급
　　　수혈을 해주는 역할.

둘째, 소비를 잘해서 목표 소비금액만 쓰고 남는 경우, 목표를 이룬 나
　　　를 위해 주는 선물.

- 비상금 통장을 개설한다. ☐

- 비상금 통장에 모을 한 달 비상금 목표를 정한다. ☐

- 목표를 달성한 후 나에게 줄 선물을 생각한다. ☐

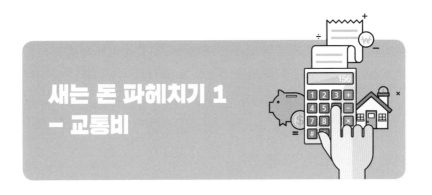

새는 돈 파헤치기 1
– 교통비

CHECK LIST

- 한 달 출퇴근 왕복 교통비로 얼마의 돈이 나가고 있는지 알고 계시 ☐
  나요?

- 출퇴근 외에 유동적으로 사용하는 교통비는 어느 정도 지출하고 있 ☐
  는지 알고 있나요?

- 교통비를 할인받을 수 있는 다양한 수단을 알고 있나요? ☐

💬 반드시 지출할 수밖에 없는 비용 중 가장 필수적인 교통비! 혹시, 교통비를 아껴
봐야 얼마나 큰 도움이 될까 하는 생각을 하고 계신가요? 교통비 자체를 절약하는
것만으로는 큰 의미가 없을 수 있지만, 여러 지출 항목에서 조금씩만 아껴도 이 돈이
모이면 큰 돈이 된답니다. 티클 모아 태산의 시작. 교통비를 아껴볼까요?

지금부터는 소비를 줄일 수 있는 다양한 방법을 알아볼 텐데요. 이를 적용해서 최대한 20만 원 정도는 줄일 수 있도록 노력해봅시다. 여러분이 앞서 적은 내용을 토대로, 내가 어디에 돈을 제일 많이 쓰는지 확인해보세요. 그걸 줄이는 방법이 다음부터 설명드리는 내용에 나와 있다면 적극! 실천하시면 됩니다.

소비 항목을 하나씩 들여다보면 어디서 얼마를 줄일 수 있을지 눈에 보이게 될 거예요. 제일 먼저 교통비에 대해 말씀드리려고 하는데요. 교통비는 크게 4가지로 나눌 수 있습니다.

① 출퇴근 왕복 교통비 [고정]
② 주말 및 약속된 외출 교통비 [변동]
③ 택시비 [변동]
④ 자동차 교통비(톨게이트 비용 + 기름값 & 주차비) [고정+변동]

이 중 출퇴근 왕복 교통비와 자동차 교통비를 다음과 같이 줄일 수 있습니다.

먼저, 출퇴근 교통비를 줄이는 방법은 정기권 활용, 광역알뜰교통카드 사용, 그리고 고속도로 톨게이트 비용 할인으로 크게 3가지가 있습니다.

출퇴근 왕복 교통비의 경우, 월평균 출근 일수를 반영하면 평균 44회(월평균 출근 일수 22일×왕복 2회)의 이용을 하게 될 텐데요. 매번 1,500원이 든다고 하면 66,000원이 들게 될 거예요.

만약 지하철만 탄다고 하면 지하철 정기권을 이용할 수 있습니다. 서울전용 정기권은 55,000원에 한 달 60번까지 사용이 가능하고, 거리당 추가 요금이 붙지 않습니다. 이 경우에는 위와 비교했을 때 11,000원을 절약하고 시작하게 되겠네요! (66,000원-55,000원=11,000원)

한편, 서울전용이 아닌 거리비례용(14종) 정기권도 존재하는데, 서울교통공사 홈페이지를 통해 경로를 검색해보고 정기권을 사는 것으로 교통비 절약이 가능합니다. 아래와 같이 확인하셔서 구매하면 교통비 절약을 극대화할 수 있게 되지요.

- 거리비례용 7단계 정기권 76,700 : 2,050원씩 19일 이상 출퇴근 시 유리
- 서울전용 정기권 55,000 : 1,250원씩 22일 이상 출퇴근 시 유리
※ 2,050원과 1,250원은 아래 사진에서 보이는 것처럼 정기권 없이 직접 출퇴근하는 경우 발생하는 편도요금

한편, 먼 거리를 넘나드는 출퇴근으로 인해 매번 교통비가 3천 원 이상 드는 경우에는, 최소 132,000원(44회×3,000)이 들 텐데요. 그런 분들을 위해 광역알뜰교통카드가 있습니다. 카드사용분에 대해 10~20%를 할인해주고, 사용금액에 따라 20%까지 마일리지로 적립을 해주기

때문에 할인을 받으면서 출퇴근 왕복 교통비를 절약할 수 있답니다. 정기권과는 중복혜택이 되진 않으니까 둘 중 혜택이 더 큰 쪽으로 선택해서 이용하면 됩니다.

▼ **광역알뜰교통카드란?**

마지막으로, 자가용을 이용하는 경우 교통비를 줄이는 방법에 대해 살펴보겠습니다. 고속도로 통행료를 줄이는 방법인데요. 한국도로공사가 관리하는 고속도로의 경우에는 아래와 같은 할인이 가능합니다(토요일, 일요일, 공휴일은 제외).

• 오전 5시~7시와 오후 8시~10시 사이 : 톨게이트 비용 50% 할인
• 오전 7시~9시와 오후 6시~8시 사이 : 톨게이트 비용 20% 할인

위는 하이패스를 이용하는 경우에만 할인 혜택이 주어진다고 하니, 하이패스를 이용해서 톨비를 할인받는 방향으로 활용하면 좋겠습니

다. 참고로 경차의 경우에는 할인이 되지 않습니다. 이미 할인 혜택이 적용되기 때문이라고 하는데요. 전기차나 수소차는 할인이 되니까 혜택을 이용해보시면 좋을 것 같습니다.

한편, 주차비의 경우에는 세 가지 방법으로 절약이 가능합니다. 첫째로, 주차 관련 앱에 뜨는 특가를 활용하는 방법이 있습니다. 둘째로는, 발레파킹이 되는 카드를 이용하여 혜택을 받는 방법이 있고요. 셋째로는 각종 백화점 등에서 멤버십 혜택 차원으로 한달에 2~3회 주는 무료 주차 혜택을 이용하는 방법이 있습니다.

첫째, 주차 관련 앱 활용하기

주차 관련 앱은 대표적으로 '모두의 주차장'이 있습니다. 이를 이용하면 무료 주차장 정보, 주차권 특가 정보, 공유 주차장 정보(시간당

▼ 모두의 주차장 구동 화면

1,200원으로 주차비가 저렴)를 확인할 수 있습니다.

모두의 주차장 구동 화면입니다. 내가 원하는 목적지를 골라 주차 희망 시간을 설정해 결제 금액을 확인할 수 있으며, 제휴 주차장과 공유 주차장을 확인해 이용할 수 있습니다. 또한, 특가 할인권도 뜨기 때문에 확인하여 저렴하게 이용하는 것도 방법입니다.

둘째, 발레파킹이 되는 카드 활용하기

신용카드 중에 호텔에 발레파킹이 되는 카드들이 있습니다. 이를 이용해 호텔 주차장을 무료로 이용하는 것이 가능합니다. 공항뿐만 아니라 호텔까지 발레파킹이 되는 카드를 찾아서 이용해야 하는데요. 보통 하루 3시간 무료 혜택을 줍니다.

2020년 12월 기준 대표적인 카드들을 소개해드리자면, 다음과 같은 카드들이 있습니다. (네이버에 검색하시면 쉽게 확인이 가능하며, 다양한 카

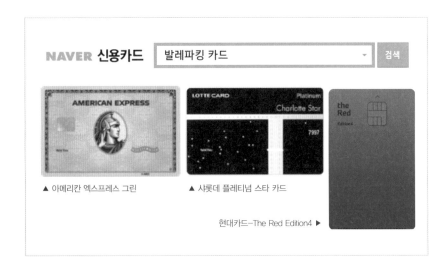

▲ 아메리칸 엑스프레스 그린   ▲ 샤롯데 플레티넘 스타 카드

현대카드-The Red Edition4 ▶

드들을 확인할 수 있습니다.)

카드마다 발레파킹이 되는 호텔이 다르기 때문에, 주로 가는 지역에 있는 호텔에 발레파킹이 되는지 확인하시고 카드 혜택으로 무료 주차를 한다면 주차비 절감에 많은 도움이 되겠지요?

셋째, 백화점 어플리케이션 설치 및 회원가입

위에서 말씀드린 신용카드는 연회비 및 일정 금액의 월 카드 결제액이 전제되어야 합니다. 그러다 보니 주차비를 아끼려다 소비를 더 하게 될 수도 있는 아이러니한 상황이 생길 수도 있습니다. 이런 문제를 피할 수 있는 방법은 백화점 어플리케이션을 이용하는 것입니다. 현대백화점, 롯데백화점, 신세계백화점에서 제공하는 자체 어플리케이션을 설치하면 한 달에 일정 시간 동안 사용이 가능한 무료 주차권을 지급해 줍니다.

- 현대백화점 : 회원 가입 시 월 4일, 일일 2시간 무료 주차권 지급
- 신세계백화점 : 회원 가입 시 월 2일(앱 푸시 설정 시 1일 추가), 일일 3시간 무료 주차권 지급
- 롯데백화점 : 회원 가입 시 월 2일, 일일 2시간~3시간(지점별 상이) 무료 주차권 지급

어플을 받아 회원가입을 하고 차량 등록만 하면 되는, 절차가 간편한 백화점 주차장 할인권 이용을 통해 주차비를 절감해보시는 것을 추천합니다. 백화점은 각 지역 요지에 위치해 있는 만큼, 어플을 이용한 무료 주차권을 보유하고 있다면 매우 유용하겠지요?

교통비로 절약할 수 있는 금액을 꼭 확인하세요!

반드시 지출할 수밖에 없는 항목 중 가장 대표적인 교통비.
절약할 수 있는 금액은 반드시 아끼는 게 좋습니다.

항목	지난달 나의 지출 교통비	절약 가능한 나의 교통비
출퇴근 왕복 교통비 [고정]	_____원	_____원
주말 및 약속된 외출 교통비 [변동]	_____원	_____원
택시비 [변동]	_____원	_____원
자동차 교통비 (톨게이트 비용 + 기름값 & 주차비) [고정+변동]	_____원	_____원
총액	_____원	_____원

※ 택시비나 주말 교통비는 약속이나 귀가 시간에 따라 달라지는 부분이라, 많이 나오지 않도록 스스로 조절할 필요가 있습니다. 특히, 교통비 중 택시비의 금액 비중이 제일 큰 경우가 많은데요. 택시비가 비싸져서 한 번에 몇만 원씩 발생하기도 하니, 교통비를 줄이기 위해서는 택시비를 최대한 아껴야 합니다.

새는 돈 파헤치기 2
- 통신비

CHECK LIST

- 한 달 통신비로 얼마의 금액을 지출하고 있는지 알고 있나요? ☐

- 한 달 통신비 중 단말기 할부금과 요금, 소액 결제 금액이 각각 ☐
  어떤 비중으로 나가고 있는지 알고 있나요?

- 다른 사람들과 비교했을 때 내 통신비가 비싸다고 생각해본 적 ☐
  없으신가요?

- 알뜰폰, 가족 결합과 같은 말을 들어본 적 있으신가요? ☐

현대인의 필수품 스마트폰! 스마트폰 없이 생활할 수 있는 분이 과연 계실까 하는 생각이 듭니다. 교통비와 더불어 너무나도 필수적인 지출을 담당하는 통신비! 통신비 절약 방법에 대해서 알아볼까요?

교통비 다음으로 필수적으로 나가는 지출인 통신비에 대해 알아보도록 하겠습니다. 통신비는 아래와 같이 구성됩니다.

① 단말기 할부금 [고정]
② 핸드폰 요금제 [고정]
③ 소액 결제 [변동]

우선, 단말기 할부금의 경우에는 핸드폰을 구매할 때 얼마씩 내기로 약정하는 금액입니다. 이미 약정된 고정 금액이 나가기 때문에 당장 줄이기는 어렵지만, 핸드폰을 구매할 때 할부금을 저렴하게 낮추는 방법으로 활용이 가능합니다. 휴대폰 보조금 정책이 통신사마다, 매장마다 다르기 때문에 발품을 팔아서 보조금을 최대화하는 방향으로 구입하는 방식을 추천합니다. 또한, 시기별로 정책이 다르기 때문에 정책이 풀리는 시기를 노려 핸드폰을 바꾸는 편이 좋습니다.

한편, 단말기 할부금은 자금의 여유가 있는 경우에는 한 번에 완납하는 경우가 유리합니다. 통신사마다 다르지만, 평균적으로 단말기 분할 상환 수수료가 연 5.9~6.1%가량 책정되어 있기 때문입니다.

만약, 할부금 129만 원짜리를 36개월 할부로 구입한다면, 5.9% 분할 상환 수수료를 포함하여 원리금 균등 상환(한 달에 내는 금액을 고정시키는 방식)으로 매달 39,186원을 내게 됩니다. 129만 원의 원금에 3년간 9.36%에 해당하는 120,692원이 이자로 붙는 걸 볼 수 있는데요(우측 표 참조). 완납 처리를 하는 경우에는 12만 원의 이자를 줄일 수 있습니다.

5.90%	원금+이자	할부원금	이자	원금잔액
0				1,290,000
1	39,186	32,843	6,343	1,257,157
2	39,186	33,005	6,181	1,224,152
3	39,186	33,167	6,019	1,190,985
...	(중간생략)			
34	39,186	38,614	572	77,797
35	39,186	38,803	383	38,994
36	39,186	38,994	192	0
합계	1,410,691	1,290,000	120,692	(이율: 9.36%)

　　이를 줄이기 위해서는 통신사 고객센터에 전화해서 단말기 할부금을 완납하고 싶다고 말하면 됩니다. 이 금액은 가지고 있는 신용카드를 통해 할부로 납부도 가능한데, 무이자가 가능하다고 하면 원금만 내고 12만 원이라는 이자 비용을 줄일 수 있게 됩니다. 만약 12개월 무이자가 가능하다면, 107,500원(1,290,000/12)씩 12번만 내면 되는 것이고, 기존에 12만 원을 더 내야 했던 상황과 비교해 볼 때 한 달 치 할부금을 절약하는 셈이 됩니다. '핸드폰을 살 때 최대한 지원금을 많이 받아서 할부금을 낮추고, 남아있는 금액에 대해서는 카드사 무이자 혜택을 통해 할부이자를 줄이자'라는 생각을 가지면, 통신비를 많이 줄일 수 있겠지요?

통신비는 핸드폰을 바꿀 때 정해진다는 사실을 아시나요?

2020년 현재 핸드폰을 바꿀 때 활용할 수 있는 방법은 크게 3가지입니다. 공시지원, 선택약정, 그리고 자급제폰+알뜰폰 통신사 이용입니다.

① 공시지원 : 1년 혹은 2년간 핸드폰을 쓰기로 약정을 하고 그 대가로 통신사 지원금을 일시금으로 받는 제도
② 선택약정 : 1년 혹은 2년간 특정 요금제를 쓰기로 하고 요금제의 25%를 할인받는 제도
③ 자급제 : 핸드폰 단말기 요금 전부를 지불하는 대신 추가로 기기값을 부담하지 않음
+ 알뜰폰 통신사 : 공시지원, 선택약정이 없으나 요금제가 저렴

가정

출고가	1,400,000	공시, 선택 요금제	70,000
알뜰폰요금제	40,000	기간 24개월	

	공시지원	선택약정	자급제+알뜰폰
출고가	1,400,000	1,400,000	1,400,000
지원금(통신사)	⊖ 500,000	–	–
지원금(대리점)	⊖ 250,0000	⊖ 250,000	–
약정할인(25%)	–	⊖ 420,000	–
기계값	= 650,000	= 730,000	= 1,400,000
24개월 통신비	⊕ 1,680,000	⊕ 1,680,000	⊕ 960,000
합계	= 2,330,000	= 2,410,000	= 2,360,000
월 할부금	÷ 24 = 97,083	÷ 24 = 100,417	÷ 24 = 98,333

위와 같이 어떤 선택을 하느냐에 따라 월 할부금이 정해집니다. 지원금이 계속 바뀌기 때문에 어떤 게 유리하다고 딱 얘기하긴 어렵지만, 발품을 팔아보면 지원금을 많이 주는 곳들이 있습니다. (통신사 지원금은 고정인데 대리점 지원금은 변동이 있습니다. 흔히 '성지'라고 불리는 곳들은 대리점 지원금을 많이 주는 곳들이며, 각종 커뮤니티를 통해 확인이 가능합니다. 불법적인 곳도 있어 각별히 주의하실 필요가 있습니다.)

[지원금 확인이 가능한 유용한 사이트]
- 호갱님 우리호갱님 (http://www.hogaeng.co.kr/)
- 뽐뿌 (http://www.ppomppu.co.kr/)
- 좌표동맹 (http://cafe.naver.com/applecart152)
- 성지똑똑 (http://cafe.naver.com/sn6987)

다음으로, 핸드폰 요금제를 잘 선택해 고정 지출을 줄이는 방법의 경우에는,

① 해당 통신사에 들어가서 '내게 맞는 요금제 찾기'를 진행하거나

② 알뜰폰 요금제를 신청,

③ 가족결합 등 여러 사람을 묶어 할인을 받는 방법이 있습니다.

내게 맞는 요금제 찾기의 경우 다음과 같이 본인이 가입한 통신사에 들어가 검색을 통해 확인이 가능합니다. (보통 핸드폰에 앱이 깔려있어 쉽게 접근이 가능합니다.) 요금제는 통화+데이터양에 따라 달라지므로, 집

중하고 싶은 쪽으로 정해서 활용하시면 됩니다. 집에서 TV를 보지 않고, 노트북을 가지고 다니면서 사용량이 많지 않은 경우에는 '테더링' 기능을 이용해 핸드폰 데이터를 노트북에서 사용할 수 있습니다. 그러면 월 2~3만 원가량의 인터넷 요금을 줄일 수 있겠지요. 한편, 통화 역시도 카카오톡이나 왓츠앱 등의 앱 내에서 데이터를 사용한 통화가 가능하므로 통화량이 많지 않다면 데이터를 높여서 앱을 통한 전화를 활용할 수도 있습니다.

한편, 알뜰폰을 이용하는 것도 요금제를 줄이는 좋은 방법인데요. 알뜰폰이란 자체 무선 통신망을 가지지 않고, MNO(Mobile Network Operator : KT, SKT, LGU+ 통신 3사) 사업자로부터 통신망을 도매가격으로 임대하여 저렴한 요금제로 통신서비스를 제공하는 것을 말합니다. 쉽게 말해, 통신 3사의 통신망을 저렴하게 빌려 쓰는 것이지요. 정부에서는 가계통신비 인하와 통신 시장 개방을 대비한 알뜰폰 통신사(2020년 12월 기준 60여 개)의 사업 활성화를 돕고 있는 상황입니다.

알뜰폰은 기존 3사 요금제를 사용 중인 사람이라면 누구나 사용이 가능한데, 기존 요금제의 약정 의무기간이 남아있다면 위약금이 발생할 수 있어 주의해야 합니다. 알뜰폰 요금제는 인터넷에서 찾아보고 확인할 수 있으며, 바꾸는 방법은 아래와 같이 하시면 됩니다.

① 고객센터(핸드폰에서 114로 전화)에 전화 후 최근 3개월 동안의 통화량, 데이터 사용량 및 납부요금을 확인합니다.
② 현재 사용하고 있는 요금제 가격을 물어보고, 그 요금제를 써서

지원받는 단말기 지원금을 확인합니다. 예를 들어 69요금제(월 69,000원)를 쓰면 단말기 할부금 가격을 월 6,000원 할인해주는 식의 통신사 정책들이 존재합니다.

③ 현재 쓰고 있는 요금제를 해지하고, 통신사를 탈퇴(KT, SKT, LGU+에서 알뜰폰 통신사로 갈아타는 것이므로)하는 경우의 위약금을 확인합니다.

④ 알뜰폰 통신 사업자를 인터넷에 검색한 뒤 내게 맞는 요금제를 확인합니다.

⑤ 해당 사업자에 요청하여 본인 인증을 거쳐 유심을 받은 뒤, 기존 유심을 꺼내고 갈아 끼워 주면 됩니다.

※ 발생한 위약금은 다음 달 청구서에 합산 청구됩니다.

▼ 내게 맞는 알뜰폰 요금제 찾기

요금제	제휴요금제	새로워 졌어요! 내게맞는요금제찾기	부가서비스

사용 패턴을 분석하여 가장 최적화 된 요금제를 추천해드립니다.

온라인 가입신청이 어려우시면
우리동네 우체국에서 가입하세요!

월 사용량으로 찾기	월 이용금액으로 찾기

통신망 선택	전체	LGU+	KT	SKT
대상	일반	선불	청소년/어린이	
월 사용 데이터량	10GB~속도제어무제한	300MB~속도제어무제한	5~10GB	2~5GB	2GB미만
월 통화량	집/이동전화 무제한	200분 이상	100~200분	100분 미만

초기화 요금제 찾기

한편, 가족 결합 등의 방식은 가족 구성원이 같은 통신사를 사용하거나, 인터넷이나 TV를 함께 사용하는 경우 할인받을 수 있는 방식입니다. 가장 보편화된 핸드폰 요금할인 방법이며, KT의 경우에는 총 15만 원 정도 비용이 발생하는 경우 3만 원가량을 할인받을 수 있습니다. 가족 결합은 고객센터에 전화하시는 것이 제일 손쉽고 빠른 방법이니 참고하시면 되겠습니다!

이와 같이 단말기 할부금 이자 절약, 요금제 선택 및 알뜰폰 통신사 이용, 가족할인 등을 이용한다면, 통신비 절감이 가능하겠지요? 작은 것부터 조금씩 줄여나가는 습관을 들이다 보면 결국 줄어든 소비만큼 여유가 생기게 될 거예요. 실제 사례로 한번 만나보시죠.

지윤이는 동네 대리점에 가서 135만 원짜리 핸드폰을 59요금제로 구매했습니다. 59요금제를 사용하면 단말기 할부금 4천 원을 깎아준다고 하기에 기쁜 마음에 구매했습니다. 대리점에서는 친절하게 전화번호를 옮겨주고 앱도 새로 설치해주었습니다. 그렇게 핸드폰을 바꾼 지윤이는 앞으로 24개월 할부로 한 달에 11만 5천 원(단말기 할부금 6만 원 + 요금제 5만 5천 원)을 낼 예정입니다.

한편, 윤정이는 여기저기 알아보고 핸드폰 도매점에 가서 지원금 30만 원을 받고, 105만 원은 카드 무이자 할부를 이용해 내기로 한 후 알뜰폰으로 3만 원짜리 요금을 이용하기로 했습니다. 도매점에서는 전화번호를 옮겨주거나 앱을 설치해주지 않았고 사은품도 없었지만, 직접 인터넷을 찾아보고 예전 핸드폰의 자료를 옮기는 게 별로 어렵지 않을

거 같아서 직접 하기로 했습니다. 요금제는 기존에 쓰던 데이터와 통화량을 감안해서 고른 3만 원짜리 알뜰폰 통신사를 이용하기로 했습니다. 그렇게 핸드폰을 바꾸었더니 한 달에 7만 3천 원(단말기 할부금 4만 3천 원 + 요금제 3만 원)을 내게 되었습니다.

지윤이와 윤정이는 같은 핸드폰을 사용합니다. 그런데도 한 달에 나가는 비용 차이는 4만 2천 원씩 2년간 벌어지게 되는데요. 이는 총 100만 원 정도의 차이로 나타납니다. 조금만 발품 팔아 잘 따져보고 구매해도 2년간 100만 원의 차이가 날 수 있는 것이지요. 여러분들은 어떻게 준비하고 계신가요?

통신비, 남보다 많이 내면 억울하잖아요!

같은 핸드폰을 사용하더라도 남들보다 더 적은 금액을 지출할 수 있습니다.

항목	현재 나의 통신비	절약 가능한 나의 통신비
단말기 할부금 [고정]	_____원	_____원
핸드폰 요금제 [변동]	_____원	_____원
소액 결제 [변동]	_____원	_____원
총액	_____원	_____원

새는 돈 파헤치기 3
- 공과금

―――――――― CHECK LIST ――――――――

- 우리 집 한 달 공과금이 얼마 정도 나오는지 알고 있나요?　□

- 대표적인 공과금 항목에 무엇이 있는지 말할 수 있나요?　□

- 공과금 고지서를 제대로 살펴본 적이 있으신가요?　□

- 전기요금 누진제를 알고 계신가요?　□

다음은 공과금입니다. 교통비, 통신비와 더불어 고정적으로 나가게 되는 대표적인 비용 항목인데요. 부모님과 함께 지내는 경우에는 대부분 크게 신경을 쓰지 않겠지만, 혼자 사는 자취생의 경우에는 생각보다 나가는 돈이 많습니다. 공과금은 수도요금, 전기요금, 가스요금, 각종세금(주민세 등)으로 구성됩니다.

수도요금

수도요금은 '구경별정액요금 + 상수도요금 + 하수도요금 + 물이용부 담금'으로 구성되어 계산됩니다. 수도요금을 줄이는 방법으로는 ① 전자고지 자동납부 감면, ② 자가검침 감면을 활용하는 방법이 있습니다.

① 전자고지 자동납부 감면 : 수도요금 전자고지를 신청하게 되면 상수도 요금의 1%를 깎아줍니다. 최소 200원~최대 1,000원을 깎아주며, 각 행정동 콜센터로 전화하여 변경이 가능합니다. (서울의 경우 120다산콜센터 전화)

② 자가검침 감면 : 수도사업소에서 검침하는 가정용 수전에 대하여 직접 수도계량기를 검침하여 지침을 인터넷, ARS(1588-5121), 휴대폰(모바일 앱)을 통해 직접 입력할 수 있습니다. 이렇게 하면 검침 월에 600원을 할인해줍니다. (일반적으로 매달 검침이 이루어지므로 한 달에 600원씩 할인 받을 수 있겠네요.) 자가검침의 경우, 할인 혜택도 있지만, 검침원 방문으로 인한 불편을 해소해주는 효과도 있으니 활용하시면 좋을 듯합니다. (자세한 내용은 수도사업소 사이트에서 안내 및 신청)

전기요금

전기요금은 '기본요금 + 사용량요금 − 복지할인 + 부가세 + 전력산

업기반기금'으로 구성됩니다. 기본요금과 사용량 요금의 경우에는 다음과 같이 누진제로 책정되는데요. 200KW씩 끊어서 구성되므로 가급적 200KW 이내로 사용하는 편이 좋습니다.

- 150KW 사용 시 : $910 + 93.3 \times 150 = 14{,}905$
- 200KW 사용 시 : $910 + 93.3 \times 200 = 19{,}570$
- 250KW 사용 시 : $1{,}600 + 93.3 \times 200 + 187.9 \times 50 = 29{,}655$
- 400KW 사용 시 : $1{,}600 + 93.3 \times 200 + 187.9 \times 200 = 57{,}840$

※ 150 ⇨ 200 : 50KW 증대, 4,665원 증가

200 ⇨ 250 : 50KW 증대, 10,085원 증가

전기요금은 자동이체 신청 시 납부요금의 1%를 1,000원 한도로 할인(신용카드 납부 제외)해주며, '5인 이상 가구' 혹은 '3자녀 이상 가구' 혹은 '3년 미만의 영아가 1인 이상 포함된 가구'인 경우에는 납부요금의 30%를 16,000원 한도로 할인해줍니다.

한편, 한국전력의 재무 건전성 악화로 인해 2022년까지 할인 혜택들을 단계적으로 축소한다고 하니, 전기요금을 할인받아 절약할 수 있는 시기도 오래 남지 않은 것으로 보입니다. 사용량에 따른 누진제 금액을 10~15% 인상하는 방안을 꾸준히 추진하고 있다고 하니, 전력 사용 자체를 200KW 아래로 낮추는 방향으로 전기 절약을 생활화하는 것이 좋겠지요?

집에 TV가 없는데 전기요금에 TV수신료가 포함되어 청구되는 경우

집에 TV가 없는데 전기요금에 TV수신료가 포함되어 청구되는 경우가 있습니다. 이 경우에는 TV수신료를 청구서에서 빼달라고 할 수 있고, 추가적으로 TV를 보지 않았음에도 수신료를 냈던 기간 동안의 금액을 환급받을 수 있습니다.

① TV를 보지 않는데 TV수신료를 3개월 이하로 납부한 경우 : 한국전력공사 고객센터(123)에 전화
② TV를 보지 않는데 TV수신료를 4개월 이상으로 납부한 경우 : KBS 수신료 문의 전용 고객센터(1588-1801)에 전화

한국전력은 3개월 치밖에 환급처리가 되지 않는다고 하니, 4개월이 넘어가는 경우에는 KBS에 직접 전화를 걸어야 합니다. 고객번호, 이름, 전화번호, 주소, 환급받으실 계좌번호를 알려달라고 하니 미리 준비해서 적어두시는 편이 좋습니다.

가스요금

자동이체할인(200원) 및 모바일청구소(50원), 자가검침입력(100원)의 할인 혜택이 있습니다. 또한, 서울도시가스가 출시한 '가스락'앱을 활용해 광고를 보거나 잠금화면을 밀 때 발생하는 캐시를 쌓아 도시가스요금 할인에 활용하는 것도 가능합니다.

가스요금은 평소에 관리를 잘 해주는 방법으로 절감할 수도 있는데요. 실내 희망온도를 1도씩 높이게 되면 최대 7%의 가스요금이 증가한다고 합니다. 따라서 적정 온도를 맞춰주어 요금이 과다하게 발생하지 않도록 하는 편이 좋겠습니다. (외출 시에는 보일러를 끄지 않고 20도 이하로 맞춰 놓는 게 효율적이라고 합니다.)

TO DO LIST

공과금!

아껴 쓰는 습관과 다양한 할인 방법만 알고 있으면 월 지출을 생각보다 많이 줄일 수 있습니다.

항목	지난달 나의 공과금	절약 가능한 이번 달 공과금
수도요금	_____원	_____원
전기요금	_____원	_____원
가스요금	_____원	_____원
총액	_____원	_____원

새는 돈 파헤치기 4
- 의료비

CHECK LIST

- 1년에 보통 몇 번 정도 병원에 가시나요? ☐

- 휴일 진료비가 평일보다 비싸다는 사실을 알고 계셨나요? ☐

- 대학병원은 3차 병원이라는 사실, 알고 계셨나요? ☐

- 만성 질환은 종합병원보다 동네 병원에 갔을 때 약 10% 저렴한 ☐
  비용으로 진료를 볼 수 있다는 사실, 알고 계셨나요?

🗨 지금까지 교통비, 통신비, 공과금의 소비를 줄일 수 있는 방법에 대해 알아보았습니다. 이번에는 의료비에 대해 알아보도록 하겠습니다. 의료비는 한 번 지출할 때 자칫 잘못하면 큰 지출이 될 수 있는 만큼, 주의해서 알아 두어야 할 사실이 많습니다.

의료비는 크게 병원비와 약제비로 구분됩니다. 병원비는 다시 병원에 가서 진찰을 받아 발생하는 진찰료와 치료를 받아 발생하는 처치료로 구분됩니다. 일부 병원에서는 상담만 받아도 상담비용을 명목으로 병원비가 발생하는데, 그 이유는 바로 진찰료 때문입니다. (진찰료는 검사비라고도 합니다.)

한편, 약제비는 병원에서 의사의 처방을 받아 처방전을 토대로 지어주는 약을 받고 내는 약값입니다. 그런데 상비약이나 의약외품 구매와 같이 의사 처방 없이 약국에서 지출하는 비용들도 꽤 있으니, 이역시도 줄이기 위해 신경을 써야 합니다.

병원비 줄이는 법! 일목요연하게 말씀드리겠습니다.

야간진료, 휴일진료를 피하자

평일 6시 이후, 토요일 1시 이후, 공휴일 전일 동안 진료를 받는 경우, 진료비용이 평상시보다 약 4천 원 이상 차이가 난다고 합니다. 이는 약제비에도 해당이 된다고 하니 가급적 정상 진료 시간에 방문하실 것을 권해드립니다.

가급적 가던 병원으로 재진을 받으러 가는 것이 좋다

초진비는 병명의 진단, 병력 체크 등을 명목으로 비싸게 책정되는 경우가 많습니다. 그러니 가급적 주로 다니던 병원으로 다니는 것이 좋겠지요.

물리치료와 침치료는 보건소가 좋다

예전에는 보건소가 시설이 낙후되고 노인 인구만 가는 인식이 강했다면, 근래의 보건소는 시설의 개선은 물론 전 연령대의 많은 사람이 이용할 수 있게끔 인식이 변해가고 있습니다. 청결과 위생에 신경을 쓴 보건소들이 점점 늘어나고 있는데요. 보건소에 가면 한의원에서 받을 수 있는 침 치료가 900원밖에 들지 않는다고 합니다. 또한, 정형외과에 가서 받을 수 있는 물리치료는 1,100원이라고 하니 보건소를 활용하면 의료비를 크게 절감할 수 있습니다. (물리치료는 물리치료 필요 소견서를 정형외과에서 떼어 와야 한다고 하니 동네 정형외과에 한 번은 방문해야 합니다.)

고혈압, 당뇨 진료는 동네 병원이 좋다

2012년 4월부터 의원급 만성질환 관리제도가 시행되었습니다. 만성질환에는 대표적으로 고혈압과 당뇨가 속하는데요. 만성 질환은 의원급 동네 병원에 가면 종합병원보다 약 10% 저렴한 비용으로 진료를 볼수 있다고 합니다.

대학병원은 바로 가는 곳이 아니다

일반 의원급인 1, 2차 병원에서 진료의뢰서를 받지 않은 상태에서 3차 병원인 대학병원에 가게 되면, 국민의료보험 혜택을 받을 수 없다고 합니다. 따라서 본인 부담금 비율이 70~80%나 되어 병원비가 크게 나올 수 있습니다. 따라서 가급적 3차 병원은 동네 의원(1차), 동네 병원(2차)을 거쳐 필요한 경우만 방문하시는 것이 좋습니다.

응급실은 가급적이면 이용을 피하자

당연한 얘기인 것 같지만, 응급실이 일반진료보다 얼마나 비싼지 모르는 경우가 많습니다. 응급실의 경우 응급하지 않은 환자들로 인한 번잡을 줄이기 위해 응급실 이용 시 3만 원 이하의 '응급 의료 관리료'를 부담하게 되어 있습니다. 이로 인해 응급하지 않은 환자로 분류되면 해당 비용을 추가로 지불해야 합니다. 또한, 응급실은 일반 외래 진료에 비해 검사료나 처치료가 15~30% 비싸게 붙는다고 하니, 가급적 평일 주간에 외래 진료를 받는 편이 좋습니다.

입원, 퇴원 시간을 따져보자

통상 하루 입원료는 낮 12시부터 다음날 낮 12시까지를 기준으로 부과됩니다. 그런데 입원 시간이 밤 12시부터 오전 6시 사이거나, 퇴원시간이 오후 6시부터 밤 12시 사이면 반일 치 입원료를 더 내야 합니다. 따라서 밤 12시 이전 입원 및 오후 6시 이전 퇴원을 해야 입원료를 추가로 부담하지 않습니다.

한편, 입원 일수에 따라 본인부담률이 점차 증가합니다. 15일까지는 본인부담률이 20%지만, 16일부터 30일까지는 25%로 올라가고, 31일 이상의 경우에는 30%를 부담해야 합니다. 입원 필요 일수를 확인하고 이에 맞춰서 입원 기간을 조정하는 것도 병원비를 줄일 수 있는 방법입니다.

정부의 의료 혜택을 활용하자

독감의 경우 무료 백신 접종 대상자가 되면 무료로 백신을 맞을 수 있습니다. 또한, 국가 암 검진 대상자가 되면 무료로 암 검진 역시 받을 수 있습니다. 한편, 스케일링의 경우에도 1년에 한 번 보험이 적용되어 저렴한 가격으로 이용이 가능합니다.

실손의료비 보장보험을 활용하자

흔히 말하는 실손보험, 실비보험을 이용하면 의료비의 70~90%가량을 돌려받을 수 있습니다. 해당 보험의 특징은 보험료가 저렴하고, 보험금 청구를 많이 하더라도 가격이 오르지 않는다는 것입니다. (보험료가 연령에 따라 책정되기 때문에 청구를 많이 했다고 해서 특별히 더 많은 보험료를 내게 되지는 않는답니다.) 가입을 희망하는 경우, 보험사 인터넷 사이트에서 다이렉트로 손쉽게 가입이 가능합니다.

광고비를 뺀 저렴한 약을 사용해보자

의사의 처방 없이 약국에서 약을 구매하는 경우, 보통 유명하고 많이 들어본 약을 찾게 됩니다. 그런데 유명한 약일수록 광고마케팅 비용이 가격에 반영되어 있기 때문에 비싼 경향이 있습니다. 감기약, 파스와 같은 대중적인 약들도 마찬가지인데요. 유명한 약들과 비교했을 때 성분이 같거나 유사하지만 저렴한 약들이 존재합니다. 그러다 보니 성분이 비슷한 저렴한 약을 구매하면 약값을 줄일 수 있게 되지요.

의사의 처방 없이 약국에 갔을 때에는 유명한 약과 성분이 비슷하거나 같은데 저렴한 약을 달라고 해보시는 건 어떨까요? 조금 더 공부한 후 본인에게 잘 듣는 약 성분을 알아가서 말하는 것도 좋을 것입니다. 예를 들어, 감기약은 아세트아미노펜이나 이부프로펜 등이 포함되어 있는데요. 성분으로 얘기하면 약국에서 대화가 더 수월해지실 거예요. (참고로 건강기능식품, 일반의약품을 싸게 사는 방법이 뒤(79페이지)에 한 번 더 나오니 함께 참고해주세요.)

TO DO LIST

- 최대한 아프지 않기 ☐

- 아프면 보건소 이용해보기 ☐

- 약을 살 때도 성분이 비슷한 저렴한 제품 사기 ☐

- 정부의 의료 혜택 활용하기 ☐

대한민국 국민 1인당 연간 평균 병원 방문 횟수는 13회, 1년 치 의료비는 약 220만 원이라고 합니다. 우리가 아프지 않고 건강하기만 해도 1년에 약 220만 원을 아낄 수 있게 되는 셈이지요.

최고의 절약! 건강을 챙기는 것입니다. 우리 모두 건강합시다.

새는 돈 파헤치기 5
- 교육비(자기계발비)

- 교육비와 관련된 지출을 하고 계신가요? ☐

- 자기계발 등 교육에 관심은 있지만 지출이 부담스러워서 포기한 ☐
  적 있으신가요?

- 국민내일배움카드에 대해서 들어본 적 있으신가요? ☐

- 책 구매비가 부담스러워서 독서를 망설이신 적 있으신가요? ☐

이번에는 교육비(자기계발비)에 대해 알아보고자 합니다. 주 5일제, 주 40시간 제가 점차 정착되고, 1인 가구가 늘어나면서 방과 후 학습처럼 퇴근 후 학습이 점차 늘어나고 있는데요. 매일경제연구소 발표에 따르면 2018년 기준 직장인 교육시장 규모가 약 3조 원에 달한다고 합니다. 월평균 지출액은 11만 1천 원에 달한다고 하고요. 교육비, 줄여봅시다.

주위에 보면 영어학원, 중국어학원을 다니는 직장인이 상당하고 스피치 학원, 코딩 학원, 부동산 수업 학원 등을 찾아다니는 사람들도 많이 볼 수 있습니다. 여러분도 이 책을 사서 읽고 계시다면 책값이 교육비에 들어가겠지요? (교육비를 줄여야 함에도 불구하고 구매해주셔서 감사합니다!) 교육비를 줄일 수 있는 괜찮은 방법 몇 가지를 지금부터 소개할게요.

국민내일배움카드 활용하기

국민내일배움카드는 실업, 재직, 자영업 여부에 상관없이 누구나(공무원, 사립학교 교직원, 졸업예정자 이외 재학생, 연 매출 1억 5천만 원 이상의 자영업자 제외) 5년간 300만 원에서 500만 원의 훈련 비용을 지원하는 제도입니다. 우선 300만 원의 훈련비가 지원되고, 개인 소득수준을 고려해 저소득층이나 비정규직근로자 등 취약계층이 신청하는 경우 100~200만 원을 추가로 지원해주는데요. 이 훈련비를 가지고 다양한 온라인/오프라인 훈련을 저렴한 가격에 받을 수 있습니다.

사용방법은 국민내일배움카드를 만들고, 고용노동부 직업훈련포털 HRD-Net에 들어가 훈련 과정을 찾아본 뒤 내게 맞

① 국민내일배움카드를 만든다

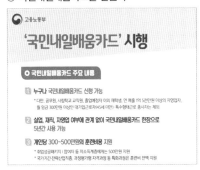

② 내게 맞는 과정을 검색한다

③ 원하는 과정을 선택한다

④ 자비부담금액을 확인한다

는 과정을 신청하면 됩니다.

사진처럼, HRD-Net에 들어가 키워드를 넣고 검색하면 원하는 교육 과정을 확인할 수 있습니다. '자비부담액보기'를 누르면, 해당 강의를 듣기 위해 얼마를 부담하고 얼마를 지원받게 되는지 확인할 수 있습니다. 위의 과정은 약 2백만 원짜리 강의를 약 50만 원에 들을 수 있게 되어있네요. 영어 회화, 가구제작 등 다양한 교육 과정이 많으니 꼭 한 번 들어가 보시면 좋겠습니다.

지방자치단체 무료 평생학습 사이트 이용하기

무료로 온라인 강의를 제공해주는 지방자치단체 사이트들이 있습니다. GSEEK(지식)이 대표적인데요. 외국어, 자격증 등에 대한 강의를 무료로 제공합니다. 신기하게도, 경기도에서 운영하는 사이트이지만 경기도민이 아니어도 이용이 가능합니다. 한편, 서대문구 같은 경우에는 지역 주민들의 학구열에 부응하기 위해 원어민 화상 영어 수업도 진행하는데요. 연세대학교 학생들과 연계해서 진행하는 것으로 알고 있습니다.

이처럼 생각보다 정부 부처에서 제공하는 저렴하고 질 좋은 교육들이 많으니, 본인이 속한 지역의 사이트를 한 번씩 찾아보는 것도 괜찮은 방법이 되실 것입니다.

▼ 경기도 무료 온라인 평생학습 사이트 GSEEK 지식

▼ 서대문구 화상영어수업

도서구매비가 많은 경우, 이북(E-Book)을 활용하기

책값이 비싸져서, 서점에서 책을 한두 권 사다 보면 2~3만 원씩 훌훌 나가는 경우가 많은데요. 요새는 전자책 서비스를 이용해 월 정기 금액을 내고 무제한으로 이용할 수 있는 서비스들이 많이 있습니다. 심지어는 오디오북도 제공하는데요. 한 달 도서비가 많이 발생한다면, 이북 서비스를 이용하는 것도 좋은 방법입니다.

밀리의 서재

월 정기구독을 컨셉으로 2017년에 출시된 이북 업체입니다. 2020년

12월 기준 현재 월 9,900원에 정기구독을 통해 100,000권의 전자책을 무제한으로 읽거나 혹은 월 15,900원에 종이책을 정기구독 할 수 있습니다. 종이책을 구독하는 경우 매달 실제 종이 책이 배송됩니다. 책과 더불어 오디오북도 제공하며, 월간 북클럽 등 부수적인 서비스를 제공하는 것이 특징입니다.

리디북스

리디북스는 2009년에 전자책 시장에 뛰어들어, 일반 서적뿐만 아니라 잡지, 웹소설, 라이트노벨, 만화 등 다양한 장르의 전자책을 제공하고 있습니다. 책을 보기 위한 환경(전자책 뷰어, 전자책 리더기 등)이 잘 갖추어져 있다는 호평이 많습니다. 다만, 리디북스의 경우에는 구독에 초점을 두기보다는 오프라인 서점을 온라인 전자책 서점으로 바꾸어 놓은 느낌이 커, 원하는 책을 구매해서 읽어야 합니다. 월 정액권을 끊어서 책을 보는 것보다는 기존과 같이 서점을 가는 느낌인 셈이지요.

한편, 리디북스 역시도 최근에 리디셀렉트라는 서비스를 만들어 월 정액권처럼 활용하고 있습니다. 월 9,900원에 약 3,000권의 베스트셀러와 스테디셀러를 읽을 수 있게 한 것인데요. 트렌드를 따라가는 독서를 하는 사람들에게는 알짜배기로 추천할 만한 서비스가 아닐까 싶습니다.

교보이북

교보이북은 교보문고에서 만든 전자책 사이트입니다. 교보문고는 워낙 유명해서, 2006년부터 전자책 서비스를 제공하고 있는데요. 일정 금액을 내고 원하는 책 권수만큼을 읽을 수 있도록 서비스를 운영하고 있습니다. 요금제를 다양화해서 월 2권, 월 3권, 월 무제한 중 맞는 플랜을 골라서 이용할 수 있습니다.

　정액권 이용 가능 도서 4.8만 권을 월 무제한으로 이용하는 한 달 9,900원 요금제(sam무제한)와, 전체 이용 가능 도서 13.4만 권 중 2~3권의 책을 한 달 7,900~9,900원에 읽는 요금제(sam 베이직)가 존재합니다. 원하는 책을 제약 없이 저렴하게 골라 읽기에는 교보이북의 sam 베이직 요금제가 좋아 보입니다.

TO DO LIST

평소 교육비나 자기계발비로
지출이 발생하고 있다면 실천해보세요!

교육비를 줄여서 저렴한 비용으로 자기계발과 성장을 추구하시기를 권장합니다.

- 국민내일배움카드 만들기 ☐

- 고용노동부 직업훈련포털 HRD-Net에 들어가 훈련 ☐
  과정을 찾아본 뒤 내게 맞는 과정을 신청해보기

- 지방자치단체 무료 평생학습 사이트 이용하기 ☐

- 책 구매비가 부담된다면 이북(E-Book) 활용하기 ☐

새는 돈 파헤치기 6
- 여가비(문화생활비)

- 영화나 연극 관람에 관심있으신가요? ☐

- 영화나 연극도 다양한 할인 혜택이 존재한다는 것 알고 계셨나요? ☐

- 평소 이용하는 통신사 멤버십 혜택 중 영화 예매권이 있다는
  사실, 알고 계셨나요? ☐

- 정부에서 지정한 '문화가 있는 날'을 알고 계신가요? ☐

이번에는 여가비를 줄이는 방법에 대해 알아보도록 하겠습니다. 여가비는 쉽게 '문화상품권'으로 할 수 있는 것들로 정의할 수 있을 텐데요. 책 구매를 제외하고(교육비로 분류) 연극, 영화, 공연, 전시, 스포츠 등에 대해 지출하는 것으로 볼 수 있습니다. 아끼는 것도, 모으는 것도, 많이 버는 것도 중요하지만 여가 생활을 포기해 가면서 살 수는 없겠죠? 여가생활을 충분히 즐기면서도 지출을 줄이는 방법! 함께 알아볼까요?

영화 저렴하게 보는 법

영화를 저렴하게 보는 방법은 여러 가지가 있습니다. 첫 번째는 통신사 할인을 이용하는 것인데요. 통신사 멤버십 혜택을 통해 VIP조건을 충족 시 LG U+, SKT, KT 온라인 예매를 통해 월 1회(통신사마다 상이) 가량 영화를 무료로 볼 수 있는 것을 말합니다. 친구와 함께 나란히 한 자리씩 예매하면 둘이 같이 무료로 보는 효과를 낼 수 있어서 좋습니다.

한편, 문화체육관광부는 2014년 1월부터 매달 마지막 주 수요일을 '문화가 있는 날'로 지정했습니다. 이날은 CGV, 롯데시네마, 메가박스 등 주요 영화관에서 오후 5시~9시 사이에 영화를 5천 원에 볼 수 있습니다. 이날을 이용해 영화를 관람하는 것도 좋겠죠?

또 다른 방법은 기프티콘이나 예매할인권을 구매하는 것입니다. 중고나라나 각종 온라인 거래에 유용한 커뮤니티(당근마켓, 문화상점 등)에 가면 저렴한 가격에 올라온 할인권을 찾을 수 있습니다. 이를 이용하면 몇천 원을 아낄 수 있어 유용합니다.

연극 저렴하게 보는 법

연극은 주로 대학로, 혜화, 명동 쪽에서 많이 관람할 수 있는데요. 저렴하게 관람하는 방법으로는 '프리코(freeco)' 카드를 이용하는 방법이 있습니다. 프리코 카드는 1인 기준 15,000원을 주고 만들어 이용할 수 있는 멤버십 카드입니다. 카드 구매 이후 일정 기간 동안 총 12번의 시 사회 및 공연을 관람할 수 있습니다(각 회당 일부 문화기금 1~3천 원 존재). 다만, 누구나 가입 및 활용이 가능한 것은 아니며, 정식 명칭은 '공연 평가단'이기 때문에 심사를 거쳐 통과가 되어야 이용이 가능합니다.

한편, 타임티켓, 위메프 등 소셜 사이트에서도 할인된 가격에 올라온 연극들이 더러 있기 때문에 할인을 많이 해주는 연극을 골라서 예매하는 것도 좋은 방법입니다. 특가 세일을 하는 곳들을 자주 들어가서 확인하는 것도 방법인데요. 네이버 카페 중 '컬쳐블룸'이라는 곳에 특가 세일을 하는 연극 티켓들이 종종 올라오니 확인해보는 것도 노하우 중 하나입니다.

- 프리코 : http://freeco.co.kr/
- 타임티켓 : http://timeticket.co.kr/
- 컬쳐블룸 : http://cafe.naver.com/culturebloom/

전시회 저렴하게 보는 법

전시회는 영화, 연극과 비슷하게 통신사 할인, 소셜커머스 할인 등을 이용해 혜택을 볼 수 있습니다. 다만, 추가적으로 미술관별로 운영하는 '멤버십 제도'를 이용한 할인을 받을 수 있는데요. 국립현대미술관은 MMCA 멤버십을 3종류(연회비 3만 원, 5만 원, 10만 원)로 나눠 운영하고 있습니다. 가고 싶은, 혹은 자주 가는 전시회가 열리는 미술관, 박물관의 멤버십을 문의해보고 할인을 받아보시면 좋겠습니다.

▼ 국립현대미술관 멤버십(MMCA)

전시회원(3만원)　　　　일반회원(5만원)　　　　특별회원(10만원)

기타

영화, 연극, 전시 이외에도 스포츠(축구, 야구, 농구, 당구, 골프 등), 게임(모바일, PC) 등 다양한 여가 생활이 존재하는데요. 전부에 해당하지는 않더라도 공통적으로 알면 도움이 되는 내용을 소개해드리고자 합니다. 바로 '상품권'을 이용하는 방법입니다. 문화상품권이나 스포츠관람권, 게임머니 충전 상품권 등은 현금보다 5~10% 할인된 금액으로 구매 가능한 경우가 많습니다. 이를 이용해서 할인을 받는 것인데요. 소셜커머스 사이트나, '상품권 가게' 같은 상품권 중개 거래 사이트를 통해 구매가 가능합니다.

추가로, 문화 할인 혜택이 큰 카드들을 활용하는 것도 좋은 방법이겠지요? 대부분의 카드들이 '문화 업종'에 대해 결제하는 경우, 결제 금액의 일부를 할인해주거나 페이백으로 돌려주는 방식의 혜택을 주고 있습니다. 뒤에서 내게 맞는 카드 찾는 방법을 설명드릴 텐데, 문화생활로 나가는 금액이 크다면, 관련해서 함께 확인한 후 카드를 발급받으시면 유리할 거예요!

- 상품권 가게 : http://ticketstore.co.kr/

TO DO LIST

포기할 수 없는 나만의 문화생활!

다양한 할인 방법으로 절약하며 문화생활을 즐길 수 있습니다.

항목	지난달 나의 여가비	절약 가능한 이번 달 나의 여가비
영화 관람	_____원	_____원
연극 관람	_____원	_____원
전시회 관람	_____원	_____원
기타	_____원	_____원
총액	_____원	_____원

새는 돈 파헤치기 7
– 건강증진비

CHECK LIST

- 평소에 운동을 하시나요? ☐

- 본인이 한 달에 얼마 정도를 운동에 지출하는지 알고 계신가요? ☐

- 건강기능식품을 챙겨 드시나요? ☐

- 본인이 한 달에 얼마 정도를 건강기능식품에 쓰는지 알고 계신가요? ☐

- 꾸준히 드시는 건강 보조 목적의 약이 있으신가요? ☐

이번에는 건강증진비에 대해 알아보도록 하겠습니다. 헬스, 필라테스, 요가, 발레 등에 지출하는 비용이 여기에 해당될 텐데요. 조금 더 넓히면 건강기능식품도 포함됩니다. 앞서 의료비 아끼는 법을 말씀드릴 때 강조했던 것! 건강하면 의료비를 아낄 수 있습니다!

헬스장 회원권

헬스장 회원권은 의외로 중고 마켓에 자주 올라옵니다. 대부분의 사람들이 헬스장을 끊고 제대로 가지 않거나 다 쓰지 못하고 남은 기간 회원권을 팔고자 하기 때문인데요. 이를 이용하면 저렴한 금액에 헬스장 회원권을 양도받을 수 있습니다. 또한, 유명한 브랜드 헬스장의 경우에는 이용 상품권을 판매도 하기 때문에 이를 할인된 가격에 구매해 이용할 수 있습니다. (스포애니가 대표적입니다.)

필라테스, 요가

필라테스와 요가의 경우에는 수업의 형태로 이루어지기 때문에, '체험단'을 이용해 무료 혹은 저렴한 금액으로 이용이 가능합니다. SNS나 블로그에 포스팅을 해주는 조건으로 이용하는 것인데요. 리뷰어, 체험단을 모집하는 사이트, 카페에 들어가 주기적으로 내용을 확인하고 체험단을 신청해 보는 건 어떨까요? (대표적으로 '마녀체험단', '똑똑체험단'을 이용합니다.)

- 마녀체험단 : http://www.witchad.kr/
- 똑똑체험단 : http://cafe.naver.com/alllmarket/

건강기능식품

건강을 증진시키기 위한 방법으로, 운동 대신 찾는 것이 건강기능식품입니다. 여기에는 유산균, 비타민, 홍삼, 한약부터 시작해서 다양한 종류의 식품들이 포함됩니다. 건강기능식품을 저렴하게 사는 방법은 이렇습니다.

첫째, 정기구독, 소량구매보다는 대량구매를 하자

회사에서 일하다 보면 정기적으로 음료나 선식 등을 배송해주고 한 달 비용을 받는 서비스들을 많이 접하실 수 있는데요. 야쿠르트나 풀무원이 대표적입니다. 장점은 신선한 음료를 그날그날 받아서 마실 수 있다는 것입니다. 단점은 인터넷에서 비슷한 제품을 대량구매해 회사에 보관한 후 한 포씩 마시는 것보다는 금액이 비싸다는 것입니다. 구독을 하게 되면 한 음료 기준 대략 한 달에 4~5만 원 정도 하는데, 인터넷으로 30포를 사게 되면 2만 원 안쪽으로 줄일 수 있습니다. (풀무원, 야쿠르트 제품은 인터넷 가격도 동일합니다. 그래서 '비슷한' 제품이라고 말씀드렸습니다.) 또한, 30개씩, 50개씩 사는 것보다 100개씩, 200개씩 사는 것이 훨씬 저렴합니다. (유통기한을 꼭 확인하세요.)

위는 배송서비스가 아니더라도, 매일 섭취하는 건강식품에도 해당하는 내용인데요. 예를 들어 유산균을 매일 복용한다면, 한 통을 사는 데 4만 원이 들고 세 통을 사면 9만 원에 구매 가능할 경우, 세 통을 사는 것이 유리합니다. 3개월 할부로 구매하게 되면, 한 달에 한 통을 먹는 것과 같은 효과이면서도 12만 원(4만 원×3통)에서 3만 원을 줄일 수 있기 때문이지요. 이처럼 유통기한을 크게 구애받지 않는 제품들의 경우에도 꾸준히 먹는 것이라면 대량으로 사는 것이 유리합니다.

둘째, 폐쇄몰이나 복지몰을 이용하면 시중가보다 저렴한 가격에 구매가 가능하다

회사에서 제휴된 폐쇄몰이 있다면 활용해 보시기를 추천합니다. 만약 회사에서 제휴된 곳이 없더라도, 일반인들도 이용할 수 있는 폐쇄몰 사이트가 몇 가지 있습니다. '더산다'와 '특가닷컴'이 대표적인데요. 들어가 보면 저렴한 가격과 공동구매 형식의 구매가 가능합니다.

- 폐쇄몰 더산다 : http://www.thesanda.co.kr/
- 폐쇄몰 특가닷컴 : http://teukga.com/

셋째, 약도 약국마다 가격이 다르고, 같은 성분이라도 브랜드마다 가격이 다르다

건강기능식품으로 유명한 회사들 약은 약국마다 가격이 다릅니다. 약국 월세 및 자릿세(보증금) 등으로 인해 차이가 나는 것인데요. 그래서 저렴한 약국을 찾는 게 좋습니다. 발품을 팔면서 동네 조그만 약국들을 찾아가는 것도 방법이고요. 또한, 먹고자 하는 약이 있다면 비슷한 성분의 다른 약은 없는지 물어보고 저렴한 제품을 추천받아 복용하는 것도 방법입니다. 실제 성분과 기능은 같은데 브랜드 가치 때문에 가격 차이가 나는 경우가 더러 있기 때문입니다. 서울에서는 남대문에 위치한 '남시약국', '평화약국', '삼성약국'이 일반의약품이 저렴하기로 유명합니다. 마치 테크노마트에서 핸드폰을 사는 느낌이라고나 할까요? 저렴하게 일반약을 구매하시고 싶다면 추천합니다.

TO DO LIST

건강증진비를 아끼면서도 건강을 챙기세요!

한 달에 들어가는 건강증진비를 고정하고, 금액을 절약해보세요.
건강도 챙기고 돈도 아낄 수 있습니다.
건강을 챙기면 의료비도 줄어든다는 사실! 이제는 알고 계시죠?

항목	지난달 나의 건강증진비	열심히 할인받은 이번 달 나의 건강증진비
헬스	_____원	_____원
필라테스, 요가	_____원	_____원
건강기능식품	_____원	_____원
기타	_____원	_____원
총액	_____원	_____원

새는 돈 파헤치기 8
– 품위유지비

- 화장품을 저렴하게 구매할 수 있는 방법을 알고 계신가요?   ☐

- 의복비를 아끼고 싶다는 마음이 든 적 있으신가요?   ☐

- 옷을 구독하거나 정기적으로 빌려 입는 서비스가 있다는 것, 알고 계신가요?   ☐

- 발품을 팔아서라도 화장품비나 의복비를 줄이고픈 마음이 있으신가요?   ☐

💬 품위유지비에는 피부관리비, 헤어관리비, 화장품비 등 다양한 비용이 포함됩니다. 실제로도 여성분들에게는 품위유지를 위한 지출의 비중이 상당히 큰 편인데요. 이를 줄이는 방법에 대해 알아보도록 하겠습니다.

화장품 저렴하게 사는 법 - 화곡동 도매시장

화곡동에 가면 화장품 도매시장이 있습니다. 까치산역 2번 출구로 나와서 도보로 5분 정도 걸으면 곰달래 도서관이 나오는데, 여기서부터가 도매시장 초입입니다. 돌아다니다 보면 유명한 화장품 브랜드 제품이나 올리브영 등에 납품되는 마스크팩 등을 저렴한 가격에 구매할 수 있습니다.

대표적인 매장으로는 '아란코스메틱', '포유', '화장품왕도매', '동동구리무', '코코메이'가 있습니다. 운영시간이 각기 다르니 확인하고 방문하시는 걸 추천합니다. 일요일은 대부분 열지 않고, 평일에는 7시 전에 대부분 닫으며 토요일에는 11시쯤 열어서 5시 정도면 거의 마치는 편입니다. 도매시장이지만 소매로 살 수 있는 곳들이 많고 소매로 사더라도 저렴한 금액에 화장품을 살 수 있기 때문에 가보시면 흥미로우실 거예요. (다만 운영시간 관계상 현실적으로는 평일에 휴가를 내고 가서야 할 수도 있겠네요.)

의복비 아끼는 법

다음으로는 의복비를 줄이는 법에 대해 알아보도록 하겠습니다. 의복비를 줄이는 방법은 크게 두 가지인데요. 옷을 저렴하게 사는 방법과 저렴하게 빌려 입는 방법이 있습니다.

먼저, 저렴하게 사는 방법으로는 '동대문'에 방문하는 것입니다. 의류 도매시장에 직접 방문하여 도매가로 옷을 구매하는 것이지요. 동대문에는 청평화시장과 같은 도매시장이 존재합니다. 여기서 소매점 영업을 하는 것처럼 상호를 얘기하고, 옷 샘플을 사입하는 형식으로 도매상에게 요청하면 저렴한 금액으로 샘플을 받을 수 있습니다. (실제로 도매상들이 사업자번호, 사이트 등을 구체적으로 확인하지는 않기 때문에 부담없이 얘기하셔도 됩니다.) 다만, 하나의 옷을 깔별로 (샘플이니까 여러 색상을 한꺼번에) 구매해야 하는 문제점이 발생하기도 합니다. 예를 들어, 원피스 한 벌을 샘플 가격으로 저렴하게 사고 싶은데, 같은 무늬에 색깔이 다른 원피스가 두 벌 더 있어서, 그 물건들까지 가져가라고 할 수도 있다는 것입니다. 물론 원피스 세 벌 가격이 원피스 한 벌 가격과 비슷하거나 더 저렴할 수 있긴 합니다. 제 경우에는 실제로 시중가 13만 원에 파는 가죽 자켓을 도매가로 3만 원에 샀던 경험이 있습니다. 다만 혼자 가는 건 조금 부담스럽고 당황스러울 수 있다 보니 친구와 함께 가는 걸 추천합니다.

서울에서는 동대문, 부산에서는 평화시장, 대전에서는 자유도매시장, 대구는 서문시장, 전주는 알뜰시장 등이 있습니다. 기타 지역의 경우에도 도매상들이 모여 있는 시장이 존재할 테니 찾아서 방문하시면 됩니다. (가격적인 우위는 동대문과 남대문이 제일이라고 합니다.)

한편, 오프라인 방문이 힘들거나 옷을 사는 것 자체가 부담이라면, 옷을 저렴하게 빌려 입을 수 있는 서비스를 제공하는 곳도 있습니다. '클로젯 쉐어'가 대표적인데요. 한 달에 8피스의 옷을 55,000원을 내고 구독하듯 이용할 수 있습니다. 여기에 가방을 포함하면 99,000원의 금액으로 빌릴 수 있어서 의복비를 6~10만 원 수준으로 고정할 수 있는 장점이 있습니다. 소유가 아닌 공유를 통해 원하는 옷을 저렴하게 입고 싶은 분들이나 의복비를 감당하기가 어려우신 분들께 추천드릴 만한 옷 구독 서비스입니다. (남성분들의 경우에는 79,000원에 이용이 가능하다고 합니다.) 덧붙여서, 안 입는 옷을 공유해서 수입도 올릴 수 있다고 하니, 겸사겸사 부수입을 올리는 것도 도전해볼 만한 것 같습니다.

▼ 클로젯 쉐어 홈페이지

TO DO LIST

아름다운 나의 모습,
돈을 아끼면서도 충분히 가꿀 수 있습니다!

구경도 하고 돈도 아낄 겸 화곡동 화장품 도매시장이나 동대문 시장에
한 번 방문해보면 어떨까요?

항목	지난달 나의 품위유지비	열심히 발품 팔아 절약가능한 이번 달 나의 품위유지비
화장품비	_____원	_____원
의복비	_____원	_____원
총액	_____원	_____원

새는 돈 파헤치기 9
– 추가 할인이 가능한
소비 방법

- 사용하고 있는 체크카드나 신용카드의 혜택이나 조건을 정확하 ☐
  게 알고 있나요?

- 나의 소비 패턴에 맞는 카드를 사용하면 소비에 도움이 될 수 있 ☐
  다는 사실, 알고 계신가요?

- 내가 사는 지역의 지역화폐에 대해서 알고 계신가요? ☐

- 지역화폐를 사용하면, 상인들에게도 도움이 된다는 사실, 알고 ☐
  계셨나요?

기타 소비 꿀팁으로는 내게 맞는 카드 찾기, 지역화폐 이용하기가 있습니다.

내게 맞는 카드 찾아 이용하기

　내 소비 패턴에 맞는 카드만 잘 찾아도 할인 혜택을 받을 수 있습니다. 대개 체크카드보다는 신용카드가 혜택이 많은데요. 신용카드보다 체크카드가 연말정산 소득공제 혜택이 더 크다는 말을 들어보셨을 수 있습니다. 그래서 신용카드는 쓰면 안 좋고, 체크카드를 써야 좋다고 인식하고 계시는 분들도 있으실 텐데요. 하지만 실제로는 한 달에 월급으로 받은 돈의 28%정도 까지는 신용카드를 쓰든 체크카드를 쓰든 차이가 없습니다. 즉, 한 달에 30만 원, 50만 원 정도는 신용카드를 써도 괜찮다는 것이지요.

　따라서 연회비 이상의 혜택을 주는 신용카드를 쓰면 오히려 소비에 도움이 될 수도 있습니다. 신용카드의 경우, 카드고릴라(www.card-gorilla.com)사이트를 이용하면 내게 맞는 카드를 편하게 알아볼 수 있습

▼ 카드고릴라 카드추천 차트 및 카테고리별 카드 목록

니다. 주 소비가 편의점인지, 쇼핑인지, 카페인지 등에 따라 혜택이 있는 카드를 활용하면 되는 것이지요.

연말정산

세전월급과 세후월급이 왜 차이 나는지 아시나요? 바로 소득세, 주민세, 4대 보험을 세전월급에서 회사가 미리 뗀 다음 나머지 금액을 주기 때문인데요. 이렇게 1년 동안 어쩔 수 없이 낸 세금 및 공과금(=세전월급-세후월급)과 실제로 1년간 내야 하는 세금을 다시 계산하고, 금액을 비교해서 낸 돈이 더 많으면 돌려받고, 적으면 더 내게끔 하는 제도가 연말정산입니다.

연말정산은 총급여(세전 총소득)의 25%를 초과하는 소비금액에 대해서 신용카드는 15%, 체크카드는 30%를 공제해 줍니다(소득 규모별 한도 금액 존재). 총급여의 25%면 세후월급 기준으로 월급이 300만 원 이내인 경우 대략 27~28% 정도 되기 때문에, 그 정도까지는 신용카드를 써도 괜찮은 것이지요.

지역화폐 이용하기

지역화폐란 충전식 체크카드라고 생각하시면 되는데요. 체크카드는 연동된 통장에 돈이 있기만 하면 결제가 가능하지만, 지역화폐는 따로 통장이 없어 직접 충전을 한 뒤 사용해야 합니다. 지역화폐를 사용하게 되면, 상인들 입장에서는 카드결제 수수료를 절감할 수 있어 도움이 됩니다. 또, 지역 경제 활성화에도 기여하는 부분이 있다 보니 지역자치단체 차원에서 장려하는 정책 중 하나입니다. 경기도의 경우 대부분의 상점(대형마트, 백화점, 대규모 매출업소, 유흥업소, 사행성업소 제외)에서 활용이 가능하며, 서울 및 기타 지역은 전국 67만여 개의 가맹점에서 사용이 가능합니다.

지역화폐의 장점은 소비금액을 줄여준다는 것인데요. 인센티브, 캐시백, 구매할인(상품권형) 등 다양한 형태로 지역마다 다른 혜택을 주고 있습니다. 10% 혜택에 대해 각각 사례를 들어보면 다음과 같습니다.

- 인센티브: 100,000원을 충전하면 10,000원을 얹어서 110,000원을 충전해주는 방식
- 캐시백: 100,000원을 충전한 뒤 20,000원을 소비하였을 때 2,000원을 돌려주는 방식
- 구매할인(상품권형): 100,000원을 충전하는 경우 10,000원을 할인해 90,000원만 부담하는 방식

사실상 현금을 충전해서 사용하는 방식이라 현금을 사용하는 것과 같은데요. 현금은 들고 다니기에 불편한 점이 있다 보니, 현금을 카드 형태로 바꾸어, 중개역할을 하는 카드사를 끼지 않고 소비자와 가맹점이 직거래를 하는 방식이라고 이해하시면 됩니다.

지역화폐에는 어떤 것들이 있는지 소개해드리도록 하겠습니다. (참고: 해당 지역에 거주하지 않아도 됩니다. 거주지와 관계없이, 주로 이용하는 지역의 화폐를 사용하시면 됩니다.)

서울 및 기타 지역 | 제로페이

서울을 중심으로 사용 가능한 지역화폐로, 현금카드형과 상품권형이 있습니다.

- 현금카드형: 현금을 대신하는 카드 역할로 제로페이를 활용하는 방식. 별도의 앱 없이 기존 은행/결제사 앱을 통해 핸드폰으로 결제가 가능. 인센티브나 캐시백이 없음
- 상품권형: 모바일온누리상품권 혹은 지역사랑상품권을 할인된 금액으로 산 뒤, 앱을 통해 충전된 상품권 금액으로 결제하는 방식. 서울은 물론 경남, 김해, 남해, 창원, 하동, 거제, 진주 등 다양한 지역 상품권이 존재

경기도 | 경기지역화폐

카드형, 모바일형, 지류형이 존재하며 경기도 내 31개의 시, 군에서 발행하여 사용되고 있습니다. 현금 충전식이며, 지역자치단체마다 인센티브 혹은 캐시백을 제공합니다. 2020년 11월 기준, 경기 전 지역이 6% 혜택을 고정적으로 주기로 통일되어 있으며, 코로나19로 인해 한시적으로 10%의 혜택을 주고 있습니다.

독특한 점은, 청년기본소득(만 24세 청년에게 분기별로 25만 원씩을 지급

하는 것)과 산후조리비(1년 이상 거주한 경기도민의 출생아 1인당 50만 원을 지급하는 것)를 경기지역화폐로 제공한다는 것입니다.

기타지역화폐

다음과 같이 다양한 지역의 화폐가 존재합니다. 지역화폐가 없는 지역의 경우에는 제로페이 지역사랑 상품권을 통해 활용이 가능합니다 (지역사랑 상품권도 모바일로 이용 가능). 지역자치단체마다 지류형, 카드형, 모바일형이 존재하여 상이하니 반드시 확인하시기 바랍니다.

주요 도시에서 시행 중인 지역 화폐		
| 인천시 | 인천e음카드	| 세종시 | 여민전	| 대전시 | 온통대전
| 천안시 | 천안사랑카드	| 전주시 | 전주사랑상품권	| 광주시 | 광주상생카드
| 대구시 | 대구행복페이	| 울산시 | 울산페이	| 부산시 | 동백전

지금까지 알아본 새는 돈 파헤치기!
한 번에 다시 정리하고 실천해봅시다!

- 교통비: 정기권 이용하기, 톨게이트비 줄이기, 주차비 아끼기 ☐

- 통신비: 지원금을 많이 받아서 핸드폰 구매하기, 월 요금제 낮추기 ☐

- 공과금: 수도요금은 자가검침하기, TV가 없으면 TV수신료 빼기,
  가스요금은 가스락 앱 이용하기 ☐

- 의료비: 보건소 이용하기, 만성질환은 동네병원 가기 ☐

- 교육비: 내일배움카드 활용하기, 이북(E-Book) 멤버십 이용하기,
  평생교육 사이트 이용하기 ☐

- 여가비: 문화의 날 이벤트 챙기기, 프리코 카드 혜택 보기, 타임티켓 등
  저렴한 티켓 판매 사이트 확인하기, 문화상품권 할인 구매하기 ☐

- 건강증진비: 회원권 중고 구매하기, 체험단 신청하기, 대량구매를 통해
  규모의 경제 효과 누리기, 약 저렴하게 사기(발품팔기) ☐

- 품위유지비: 화장품비 줄이기(화곡동 도매시장 이용), 의복비 줄이기(동대
  문 도매시장 방문하기, 클로젯 쉐어 이용하기) ☐

- 기타: 내게 맞는 카드 쓰기, 지역단위 화폐 이용하기 ☐

PART 2

재테크, 아무것도 모르겠는데 무얼 어떻게 할까요?

CHAPTER 1

머리 아픈 건 싫은데,
재테크는 시작해야겠어!

- 재테크 첫 단추, 누구나 가지고 있는 '예적금'

- 하루만 돈을 넣어 놔도 이자를 챙겨주는 'CMA'

- 다양한 상품을 계좌 하나로 끝내는 'ISA'

- 적금에 가입해본 적 있으신가요? □

- 은행별 적금 금리를 모두 비교해보고, 가장 높은 금리를 주는 □
  곳의 적금을 가입하려고 노력해본 적 있으신가요?

- CMA통장에 대해서 들어본 적 있으신가요? □

- ISA에 대해 들어본 적 있으신가요? □

시작이 반이라고 하죠? 일단 시작을 해보기로 해요. 은행에 안 가도 되고, 증권사에도 안 가도 됩니다. 그냥 지금 당장 할 수 있어요. 한 달에 얼마씩 저축할지만 정하면 됩니다. 100만 원으로 한다고 하면, 적금 50만 원, ISA 30만 원, CMA 20만 원에 넣는 것을 추천합니다. 어떻게 넣으면 되는지는 지금부터 알려드릴게요.

재테크 첫 단추, 누구나 가지고 있는 '예적금'

월급 받는 돈을 넣고, 빼고, 이체도 하는 통장이 있으실 텐데요. 이걸 '예금' 통장이라고 합니다. 한편, 적금은 적립하는 돈이라는 의미로 돈을 매달 넣는 것을 말하는데요. 금리가 높을수록 이자를 많이 주기 때문에 높은 금리의 적금을 찾아서 가입하는 것이 유리합니다. 최고 금리 적금을 가입하기 위해서는 금리 비교 사이트를 이용하면 되는데요. MONETA 라는 사이트와 은행연합회 금리 비교 사이트 두 곳이 있답니다.

- MONETA : http://finance.moneta.co.kr/ (접속 후 최고금리 탭 클릭)
- 은행연합회 : http://portal.kfb.or.kr/

위 사이트에 들어가 금리가 높은 적금 상품을 찾아 가입하면 됩니다. 금리는 기본금리와 우대금리, 이 두 가지로 구성됩니다. 기본금리에 우대금리를 더한 것이 실제로 적용되는 금리라고 보면 되고요. 적금을 고를 때는 기본금리 자체가 제일 높은 것이 유리합니다. 우대금리는 마케팅 동의, 카드 실적 등에 연동되는 경우가 많아 사실상 받기가 쉽지 않기 때문이지요. 카드를 많이 쓰면 적금 금리를 높여준다는 것은 오히려 소비를 늘리게 되어 저축 금액 자체가 줄어들 가능성이 있겠죠?

모네타에서 검색하면, 2020년 12월 기준 우리종합금융의 'The드림 정기적금'의 금리가 제일 높습니다. (금리는 상품마다, 시기마다 모두 다르니 가입하려는 시점에 가장 높은 금리의 상품을 검색하여 가입하시길 추천합니다.) 해당 상품을 가입하고자 한다면, 플레이스토어 혹은 앱스토어에서 우리종합금융 앱을 검색해 다운받은 다음 비대면 계좌개설을 하면 됩니다. 가입은 신분증만 있으면 가능합니다. (앱 이름은 '우리종합금융 스마트뱅킹'이고, 계좌개설 후 '예금>The드림 정기적금'을 누른 후 맨 아래에 '가입하기' 버튼을 눌러 가입을 진행하면 됩니다.)

▼ 우리종합금융 The드림 정기적금의 기본금리 및 우대금리 설명 화면

특별우대받고 최고 연 7.5%! (개인, 세전)
The드림 정기적금

• 개인고객

(조회 기준일·2020/12/04, 세전, 연간금리)

구분		조건	금리(%)
기본금리		-	2.00
우대금리	①신규고객 우대	당사 최초 거래고객	1.00
	②목표달성 우대	1차 목표달성 (500좌)	0.50
		2차 목표달성 (1,000좌)	0.70
		3차 목표달성 (3,000좌)	1.00
		4차 목표달성 (5,000좌)	1.20
		5차 목표달성 (10,000좌)	1.50
우대금리 (①~④ 중복적용 가능) (최고5.5%)	③금융투자상품 가입고객 우대	평잔(6개월) 5백만원 이상 1천만원 미만	1.00
		평잔(6개월) 1천만원 이상	2.00

하루만 돈을 넣어 놔도 이자를 챙겨주는 'CMA'

CMA는 은행 입출금통장의 증권사 버전입니다. 돈을 언제든 넣고 뺄 수 있고, 체크카드를 발급해 돈을 인출할 수도 있습니다. 은행보다 이율도 높은 편이고 경우에 따라 추가 수익을 올릴 수도 있어 장점이 많습니다. 증권사는 은행보다 사람들에게 덜 익숙한 편인지라, 증권사에서 고객을 유치하기 위해 프로모션 성격으로 제공하는 상품이라고 생각하시면 됩니다. 결국, 증권사는 CMA를 쓰게 한 뒤 이걸로 주식, 펀드를 매수할 수 있도록 해 투자까지 유도하는 것이 목적이기 때문이지요.

CMA는 은행의 일반 입출식 예금통장과 달리, 넣는 돈을 어떻게 운용할지를 선택할 수 있습니다. 그 운용 방법에는 크게 채권형과 펀드형이 있는데, 채권형은 RP, 펀드형은 MMF라고 합니다. (랩어카운트에 해당하는 MMW도 있지만, 법인에서 주로 활용하는 편이고 일반 개인은 활용도가 크지 않아 내용을 생략합니다.)

- RP형 : AAA등급 이상의 우량 채권 등을 위주로 투자. 고정금리. 수수료가 없으나 수익률이 낮음 (연 0.2% 수준)
- MMF형 : 금융회사간의 초단기대출 등으로 구성된 단기금융펀드에 투자. 변동금리. 펀드 수수료가 존재하나 실적에 따라 연 0.7~1.3% 수준의 수익률 획득

▼ 약정수익률형 RP 소개화면(삼성증권)

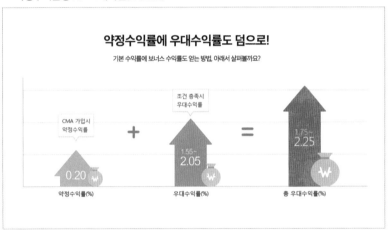

가입하는 방법은 우리종합금융과 마찬가지로 '삼성증권 mPOP(계좌개설 겸용)' 앱을 다운받은 다음, 비대면 계좌개설을 진행하면 됩니다. 처음 계좌를 만들면 고정금리인 RP형으로 가입이 되는데요. 변동금리를 원하는 경우, 계좌개설 완료 후 'CMA서비스신청' 탭에 가서 MMF형으로 바꾸어주면 됩니다. 이렇게 계좌를 만들면 종합계좌(계좌번호 끝자리: 01)와 CMA계좌(계좌번호 끝자리: 05)가 만들어집니다.

▼ 삼성증권 계좌개설 방법

다양한 상품을
계좌 하나로 끝내는
'ISA'

ISA는 '개인종합자산관리계좌'라는 뜻으로, 은행에서 가입이 가능합니다. 하나의 상품이라기보다는 자산관리를 위한 '계좌'를 만들어 돈을 넣고, 원하는 상품에 투자하는 개념입니다. 쉽게 말하자면 '은행 투자 통장'이라고 말씀드릴 수 있겠네요. ISA 통장 안에 넣어 둔 돈을 가지고 집합투자증권(펀드, ETF, ELS, 리츠 등) 및 주식(2021년부터) 투자가 가능한데요. 운영 방식을 신탁형(내가 직접), 일임형(전문가 위임) 중 하나로 선택해 돈을 운용할 수 있습니다.

ISA의 가장 큰 장점은 만기 시점의 수익(+)과 손실(-)을 합쳐서 순이익에만 세금이 붙는다는 점과 그 세금이 적다는 점입니다. 2016년 출시 초기부터 단점으로 거론되었던 수수료가 비싸다는 점과 투자 대상이 제한적이라는 점은 세법 개정을 통해 계속 보완이 되었고, 2020년 세법개정안을 기준으로 ISA 계좌를 통해 2021년부터 주식 투자도 할 수 있게 되었습니다.

ISA는 현재 14개의 은행과 18개의 증권사, 2개의 보험사에서 신탁형과 일임형으로 계좌를 개설할 수 있으며, 전 금융기관을 통틀어 1인 1계좌만 개설이 가능합니다. 계좌 유형은 크게 일반형, 서민형으로 구분됩니다. 일반형에서 일정 요건을 충족하면 청년형, 자산형성형으로 특별분류가 되며, 서민형에서도 농어민형으로 분류될 수 있습니다. 여러분은 쉽게 총급여 5천만 원 이하라면 서민형, 이상이라면 일반형, 그리고 나이가 30세 이하라면 청년형으로 가입하면 됩니다.

구분	가입조건*		가입 의무 기간	납입한도	세금혜택	
	직장인	사업자			비과세	저율과세
서민형	총급여 5천만 원 이하 근로소득자	종합소득금액 3.5천만 원 이하 사업소득자	3년	2,000만 원	400만 원	비과세 한도 초과분 9.9%
일반형	근로소득자	사업소득자	5년	2,000만 원	200만 원	
청년형	일반형과 동일 + 나이요건 존재(15세~29세)		3년	2,000만 원	200만 원	

*직전 년도의 이자 및 배당소득이 2천만 원을 넘는 사람(=금융소득종합과세 대상자)은 가입 불가

구분	신탁형 ISA			일임형 ISA			계		
	회사 수	가입자 수	투자금액 비중	회사 수	가입자 수	투자금액 비중	회사 수	가입자 수	투자금액 비중
은행	14	1,654,907	86.72%	10	201,585	91.44%	14	1,856,492	87.26%
증권사	16	124,765	13.28%	15	27,550	8.56%	18	152,315	12.74%
보험사	2	502	0.01%	0	0	0.00%	2	502	0.01%
합계	32	1,780,174	100.00%	25	229,135	100.00%	34	2,009,309	100.00%
점유율	88.60%			11.40%			100.00%		

신탁형은 투자자(여러분)가 직접 종목을 하나하나 선택해서 운용하는 계좌를 말하며, 일임형은 금융기관(위의 은행, 증권사, 보험사)에서 위탁을 받아 운용해주는 계좌입니다. 신탁형은 수수료가 저렴하다는 장점이 있고, 일임형은 수수료는 비싼 대신 운영을 맡길 수 있다는 장점이 있습니다.

ISA에 가입하기 위해서는 두 단계의 과정이 필요합니다. 먼저 '소득확인증명서'를 발급받아야 하고 이걸 토대로 은행이나 증권사 어플을 통해 ISA 계좌를 개설한 다음, 원하는 상품에 투자하면 됩니다. 아래처럼 따라해보면 쉽게 하실 수 있을 거라 생각합니다.

우선, 홈택스(www.hometax.go.kr)에 접속해 아래와 같이 '소득확인증명서(개인종합자산관리계좌 가입용)' 항목을 클릭해 들어간 뒤, 증명서를 발급합니다. 회원가입 및 공인인증서 등록을 해야 하는 번거로움이 존재하지만, 세무서나 동사무소에 직접 서류를 떼러 가는 것보다는 훨씬 간편합니다. (신입사원 혹은 신규사업자의 경우, 지급명세서를 발급받으시면됩니다.)

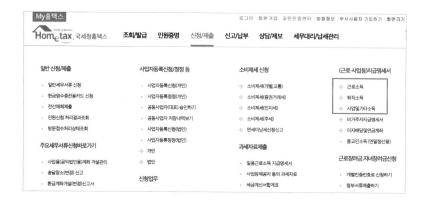

발급을 받은 다음에는 아래와 같이 ISA 가입을 진행하면 됩니다. 신탁형의 경우 비대면 가입이 되지 않으며, 일임형만 가능하도록 되어 있습니다.

▼ 우리은행 일임형 ISA 소개 및 가입 화면(신탁형은 가입 버튼이 존재하지 않음)

한편, 신탁형으로 가입(영업점 방문 필요)을 하게 되면 아래와 같이 직접 예금, 펀드, ELS 등의 상품을 매수해 운용할 수 있습니다.

▼ 삼성증권 신탁형 ISA 투자가능 상품을 어플로 확인한 화면

여기까지 적금과 CMA, 그리고 ISA를 시작으로 머리 아픈 재테크 입문에 대해 알아보았습니다. 가입 방법까지 친절하게 적어두었으니 따라 하실 수 있으시겠지요? 이렇게 해서 돈을 모으다 보면 자연스레 투자에 관심이 가게 될 것입니다. 특히, ISA의 수익증권 수익률을 체크하다 보면 '내가 직접 투자해보는 건 어떨까?'라는 생각이 들거나, 혹은 주위에서 들려오는 '이 투자가 괜찮다던데'라는 식의 얘기가 갑자기 와닿으실 수 있습니다. 투자는 그때가 돼서 자연스럽게 시작하면 됩니다.

시작이 반! 가장 기본적인 재테크 수단

말씀드린 적금, CMA, ISA는 모두 비대면으로 계좌개설이 가능합니다.
그러니 꼭 한 번 실천해보세요!

- 가입한 적금이 없다면 지금 당장 가입하기 ☐

- CMA 계좌개설 해보기 ☐

- ISA 계좌개설 해보기 ☐

- 한 달 저축 금액을 적금 50%, ISA 30%, CMA 20% ☐
  비중으로 나누어 저축해보기

CHAPTER 2

주위에서 투자를 한다는데, 나도 한번 해볼까?

- 최근 3년 동안의 재테크 열풍

- 투자의 대명사, 개미는 오늘도 뚠뚠 '주식'

- 주식들을 묶어서 사고판다고? '펀드'

- 온라인으로 돈을 빌려주고 이자를 받는 'P2P투자'

- 원금보장이 가능한 펀드투자 '변액보험'

- 주식 투자를 해보신 적 있으신가요? ☐

- 코스피, 코스닥 같은 용어가 무엇인지 알고 계신가요? ☐

- 주위에서 주식이나 펀드에 투자하는 지인들은 없나요? ☐

- 온라인으로 돈이 필요한 사람에게 여러분의 돈을 빌려주고 이자 ☐
  를 받을 수 있다는 사실, 알고 계셨나요?

- 보험에도 투자 상품이 있다는 것, 알고 계셨나요? ☐

앞에서 재테크를 다이어트에 비유해서 설명드렸습니다. 새해가 되면 다이어트를 하겠다는 결심을 하는 것처럼, 재테크 또한 해야겠다는 생각을 하기 마련이지요. 재테크를 통해 투자하기 전에 여러분이 꼭 알았으면 하는 내용들과 투자 방법을 설명해 보려고 합니다. 주식, 펀드, P2P, 그리고 변액보험으로 구성했고요. 100만 원이 있다면 주식에 30만 원, 펀드에 30만 원, P2P에 20만 원, 변액보험에 20만 원과 같이 구성하시면 좋을 것 같습니다. 지금부터 구체적으로 알아볼까요?

최근 3년 동안의 재테크 열풍

여러분은 언제 다이어트를 진짜로 결심하시나요? 문득 내가 살이 쪘다고 느낄 때일 수도 있고, 평소에 입던 옷이 맞지 않을 때일 수도 있습니다. 주위 사람들은 날씬해 보이는데 나만 살찐 것 같은 느낌이 들 때에도 다이어트를 결심하게 되는데요. 아무래도 동기부여가 가장 강력할 때는 주위 사람들은 모두 다이어트에 신경을 쓰고 있는데, 나만 하지 않는 것 같은 불안감이 느껴지는 때일 것입니다.

재테크도 마찬가지입니다. 보통 새해가 되면 재테크를 해야겠다고 생각하는데요. 문득 내 통장 잔고가 생각보다 적다고 느껴지면서 다른 사람들보다 뒤쳐져 있다는 생각이 들고, 주위 사람들은 다 하고 있는데 나만 하지 않는 것 같다는 느낌이 들어 불안해지기 때문입니다.

많은 분들이 '입소문'을 계기로 투자를 시작하게 되는 경우가 있습니다. 이 주식이 좋다더라, 이 펀드가 괜찮다더라, 이 연금은 꼭 필요하다고 하더라 등 주위에 있는 가까운 사람을 통해 관심과 흥미가 생기고 결국 시작을 해보는 것이지요. 그래서 재테크에는 '열풍'이 존재합니다. 사람들의 입소문이 넓고 크게 퍼져 대란이 나는 것인데요. 이렇게 열풍이 불 때마다 사람들은 재테크에 관심을 크게 가지게 되고, 평소에 관심이 없던 사람들조차 관심을 가지기 시작합니다.

2017년, 비트코인 가격이 엄청나게 올랐습니다. 2017년 1월에 118만 원 하던 가격은 12월 말에 1,870만 원에 육박했지요. 그러자 2018년에 엄청난 사람들이 비트코인에 투자했고, 기존에 수익을 본 사람들은 차익실현을 하기 위해 비트코인을 팔고 시장을 떠났습니다. 그 결과 2018년 말에 가격은 380만 원까지 떨어졌고, 2018년에 비트코인에 투자했던 많은 사람이 큰돈을 잃었습니다.

2018년은 비트코인 폭락, 베트남펀드 폭락, 제약주(대표적으로 신라젠) 폭락으로 주위에서 돈을 벌었다는 사람을 찾기가 힘들었던 시기입니다. 한편, 상대적으로 안전자산으로 부각된 부동산가격은 반대로 계속 오르는 모습을 보였는데요. 정부의 규제가 심해지면서 한때 토지 투자가 유행하기도 했습니다. 주식, 펀드, 비트코인의 하락과 맞물려 아파트를 중심으로 부동산가격이 계속 오르면서 청약의 중요성도 점차 부각되었고, 그 결과 아파트 청약경쟁률이 계속 올라가는 양상을 보이기도 했습니다.

2019년에는 아파트 청약 열풍이 점점 거세졌습니다. 서울을 기준으로, 2018년에 30:1 하던 청약경쟁률이 2019년 하반기에는 47:1, 2020년 상반기에는 98:1에 육박했다고 합니다. 그러다 보니 '로또청약'이라는 말이 당연하게 사용되는 듯합니다. 너도나도 주위에서 청약을 넣고 당첨되기를 간절히 바라다보니, 청약을 넣지 않는 게 오히려 이상한 분위기가 되어 버린 셈입니다.

2020년 상반기에는 코로나로 인해 외국인들이 한국 주식 시장에서 돈을 회수했고, 그로 인해 삼성전자 주가가 폭락했습니다. 많은 개인 투자자가 삼성전자 주식을 사면서 가격이 더 떨어지지 않게끔 막았지요. 가격이 저렴해진 삼성전자 주식을 사는 사람들의 마음속에는 내심 '삼성전자는 괜찮은 기업이고, 주가가 일시적으로 떨어지는 것일 테니, 지금이 싸게 사서 돈을 벌 수 있는 기회다'라는 생각도 있었을 것입니다. 이런 사회 현상을 두고 '주식개미(작은 돈으로 주식을 하는 사람을 일컬음)'와 '동학농민운동(조선 고종 31년인 1894년에 녹두장군 전봉준을 중심으로 일으킨 반봉건, 반외세 운동)'을 합성해 '동학개미운동'이라는 신조어가 등장하기도 했습니다.

2021년은 부동산 경매가 될 것으로 조심스레 예상해봅니다. 코로나로 인해 돈을 빌린 뒤 갚지 못한 사람들의 부동산이 경매로 나오는 것인데요. 경매 열풍이 불면 위와 같이 많은 사람이 참여해 시장이 급격히 커지지 않을까 하는 생각이 듭니다.

지금까지 최근 3년간의 투자 흐름에 대해 간단히 살펴보았는데요. 이어서 본격적으로 투자 항목들에 대해 설명드리겠습니다.

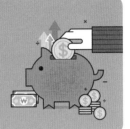

투자의 대명사, 개미는 오늘도 뚠뚠 '주식'

　주식 투자는 특정 회사의 주식을 사고 주가(주식의 가격)가 오르면 팔아서 시세 차익을 얻는 것입니다. 회사 입장에서 주식을 투자자인 여러분들에게 파는 이유는 '투자 자금을 확보하기 위해서'입니다. 회사를 운영하려면 돈이 필요하기 때문인데 돈을 조달하는 방법은 크게 두 가지입니다. 대출을 받거나 투자를 받는 것이지요.

　그런데 투자를 받는 방식도 두 가지입니다. 채권을 발행하는 방법과 주식을 발행하는 방법이지요. 채권은 '100만 원을 투자하면 1년 뒤 105만 원을 줄게'라는 증서를 발행하는 것이고, 주식은 '100만 원을 투자하면 회사 지분을 1% 줄게'라는 증서를 주는 것입니다. 회사 가치가 2배가 되든 반토막이 되든, 채권 투자자는 105만 원을 1년 뒤에 받아올 수 있지만, 주식 투자자는 회사의 가치에 따라 투자한 100만 원이 200만 원 혹은 50만 원으로 달라집니다. 그래서 결국 주가는 회사의 실적,

그리고 앞으로의 성장성과 큰 연관을 가지게 되는 것이지요.

　본격적인 설명에 앞서 당부드릴 말씀이 있습니다. 수많은 상담에서 사람들이 주식으로 돈을 잃은 사례를 접해보면, 대부분 '주위에서 좋다고 해서' 투자했다는 경우가 가장 많았는데요. 제대로 알지 못하고 하는 주식 투자는 도박과 같다고 생각합니다. 사람들은 누구나 자기효능감('나는 달라, 나는 잘 될 거야, 나는 할 수 있어'라는 생각)을 가지고 있기 때문에, 근거 없는 자신감을 드러내는 경우가 많습니다.

　　① 내가 투자한 회사의 수익 구조
　　② 내가 투자한 회사가 속한 산업 분야와 앞으로의 전망
　　③ 내가 투자한 회사가 해당 산업군에서 가진 위치
　　④ 글로벌 경쟁력의 유무
　　⑤ 현재 매출과 이익을 토대로 계산한 회사 규모와 시가총액(총 유통
　　　 주식 수 × 현재 주식 가격)을 비교했을 때의 차이

　투자하기 전에 위 다섯 가지를 설명할 수 없다면, 투자가 아닌 투기이자 도박을 하는 것이라고 보면 됩니다. 근거 없는 자신감을 믿은 대가는 큰 손실과 후회로 돌아올 수 있습니다. 이점 꼭 유의하셨으면 하는 바람과 함께 본격적으로 설명해보겠습니다.

한국의 주식 거래 시장(상장 주식 기준)

한국의 주식 시장은 크게 코스피, 코스닥, 코넥스 시장으로 구분합니다. K-OTC(over-the-counter)시장도 존재하지만, 한국거래소(KRX)를 거치지 않고 주식을 사고파는 곳이라 성격이 조금 다릅니다.

흔히 '주식 거래소'라고 하면 위의 셋을 언급하기도 하고, 상장했다는 표현 역시도 흔히 위의 세 시장에 진출하는 경우를 일컫기 때문에, 여기서는 코스피, 코스닥, 코넥스만 다루도록 하겠습니다. 이들을 묶어 '장내시장'이라고 표현하는데, 구체적인 거래장소인 '시장' 안에 있는 시장이라는 표현입니다. (코스피, 코스닥, 코넥스 모두 시장과 지수를 동시에 일컫기 때문에 여기서도 지수와 시장을 혼용해 쓰도록 하겠습니다.)

코스피(KOSPI)는 'KOrea composite Stock Price Index'의 약자로, 주식시장 전체의 움직임을 파악하기 위해 작성하는 '주가지수' 중 하나입니다. 1980년 1월 4일 기준 상장종목 전체의 시가총액을 100으로 보고 현재 상장종목들의 시가총액이 어느 수준에 놓여 있는지를 보여주는 시스템이지요. (시가총액은 상장된 모든 종목별로 매일의 종가에 상장된 주식 수를 곱한 후 합계해서 산출합니다.)

▼ 코스피 시장 상장 기업 및 시가총액 상위종목 (2020년 11월 25일 기준)

코스피 | 코스닥

N	종목명	현재가	전일비	등락률	액면가	시가총액	상장주식수
1	삼성전자	67,200	▼ 500	-0.74%	100	4,011,694	5,969,783
2	SK하이닉스	97,500	▼ 1,100	-1.12%	5,000	709,802	728,002
3	LG화학	802,000	▲ 3,000	+0.38%	5,000	566,151	70,592
4	삼성바이오로직스	809,000	▲ 7,000	+0.87%	2,500	535,275	66,165
5	삼성전자우	61,200	▼ 600	-0.97%	100	503,607	822,887

코스닥(KOSDAQ)은 'KOrea Securities Dealers Automated Quotations' 의 약자로 미국의 나스닥을 본떠 만든 중소, 벤처기업을 위한 증권시장 으로 1996년 7월 1일에 개설된 거래소입니다. 예전에는 코스피를 장내 시장, 코스닥을 장외시장으로 표현했었지만, 현재는 코스닥 역시도 장 내시장으로 편입되어 코스피와 마찬가지로 유가증권시장의 기능을 하 고 있습니다.

▼ **코스닥 시장 상장 기업 및 시가총액 상위종목** (2020년 11월 25일 기준)

코스피	**코스닥**						
N	종목명	현재가	전일비	등락률	액면가	시가총액	상장주식수
1	셀트리온헬스케어	109,200	▲ 9,400	+9.42%	1,000	165,776	151,810
2	셀트리온제약	169,600	▲ 32,300	+23.53%	500	60,735	35,811
3	에이치엘비	93,000	▼ 1,600	-1.69%	500	48,969	52,655
4	씨젠	179,100	▼ 6,400	-3.45%	500	46,985	26,234
5	알테오젠	161,600	▼ 2,600	-1.58%	500	45,382	28,083

코넥스(KONEX)는 'KOrea New EXchange'의 약자로 코스닥 시장 상장 요건을 충족하지 못하는 벤처기업과 중소기업이 상장할 수 있도 록 2013년 7월 1일부터 개장한 중소기업 전용 주식시장입니다. 우수한 기술력을 보유하고 있음에도 불구하고, 짧은 경력 등을 이유로 자금 조 달에 어려움을 겪는 초기 중소기업과 벤처기업이 자금을 원활하게 조 달할 수 있도록 하기 위한 목적으로 설립되었습니다.

다음 보이는 바와 같이, 상장을 위해서는 규모요건, 분산요건, 안정성요건, 경영성과요건을 갖추어야 하며 경우에 따라 일정 요건은 생략 가능합니다. 상장 난이도의 경우 '코스피〉코스닥일반〉코스닥벤처〉코스닥성장〉코넥스' 순으로 어렵습니다. 따라서 투자하고자 하는 회사가 어느 거래소에 어떤 요건으로 상장되어 있는지를 아는 것만으로도, 회사의 안정성 혹은 기업가치가 어느 정도 검증되어 있는지를 알 수 있을 것입니다.

주식시장 상장요건 (2020.9.기준)		코스피	코스닥			코넥스
			일반기업	벤처기업	기술성장기업	
규모 요건	시가총액		(규모요건) 90억 이상 이거나 혹은 아래의 자기자본 요건 충족			
	자기자본	300억 이상	30억 이상	15억 이상	10억 이상	5억 이상
	상장주식수	100만주 이상				
분산 요건	일반주주	700명 이상	500명 이상	500명 이상	500명 이상	
안전성 요건	감사 의견	최근 적정, 직전2년 적정 또는 한정	최근 적정	최근 적정	최근 적정	
	설립 후 경과년수	3년 이상	3년 이상	미적용	미적용	
경영 성과 요건*	시가총액**		(경영성과요건) 300억 이상 이면서 아래의 최근매출액 요건 충족			
	최근매출액*	1,000억 이상	100억 이상**	50억 이상**	미적용	10억 이상
	3년평균 매출액	700억 이상				
	순이익*		20억 이상	10억 이상	미적용	3억 이상

* 코스닥과 코넥스의 경우 최근매출액 요건과 순이익 요건 중 하나만 충족해도 경영성과요건을 만족한 것으로 봄
** 최근매출액 요건의 경우 코스닥은 100억 혹은 50억 요건과 더불어 '시총 300억 이상' 요건을 만족해야 함

주식 거래 방법

계좌개설 전용 앱을 통해 '계좌개설 → 트레이딩 앱 설치 → 종목 검색 → 현재 가격과 차트 확인 → 매수/매도'의 방법으로 아래와 같이 주식 거래가 가능합니다. (키움증권 기준, 키움증권 계좌개설 및 키움증권 영웅문S 앱 활용)

위와 같이 계좌개설 전용 앱 설치 및 비대면 계좌개설(신분증 필요) 이후 트레이딩 앱(키움증권 영웅문S 기준)을 설치합니다.

앱 설치를 마치면, 거래를 하기 위해 종목 검색으로 투자를 희망하는 종목을 찾은 다음, 정보 및 공시자료를 확인합니다.

호가창 및 차트를 분석해 적정 가격을 정한 뒤 주문 화면에서 매수합니다. 향후 매도할 때에도 주문 화면에서 매도가 가능합니다.

호가창 및 차트 보는 법

호가창의 경우, 맨 위에 해당 주식의 현재 가격(379,000원)이 나와 있고, 아래로는 팔려는 사람들이 내놓은 가격과 살려는 사람들이 희망하는 가격이 나와 있습니다.

팔려는 사람은 조금이라도 더 비싸게 팔고 싶어 합니다. 379,000원에 팔려는 사람들이 내놓은 수량이 총 5,353주이고, 500원 더 받고 팔기 위해 379,500원에 팔려는 사람들이 내놓은 수량은 총 4,952주입니다.

▼ 호가창

한편, 사려는 사람은 조금이라도 더 싸게 사고 싶어합니다. 그래서 378,500원에 사려는 사람들이 사고자 하는 수량이 총 3,763주, 378,000원에 사려는 사람들이 사고자 하는 수량이 총 8,148주에 해당합니다.

좌측 화면에서는 보이는 것처럼 379,000원에 일부 물량이 거래되었습니다. 만약, 여기서 어떤 매도자가 378,500원에 팔게 되면 현재 가격이 379,000원에서 378,500원이 될 것이고, 379,000원에 모든 물량(남아있는 5,353주)이 다 거래되고 사려는 사람들이 379,500원에 사기 시작하면 현재 가격은 379,500원이 될 것입니다. 결국, 얼마에 살지, 팔지에 대한 사람들의 희망 가격을 보여주는 창이 바로 호가창인 것입니다.

▼ 차트

차트의 경우, 특정 기간 주가 변화의 흐름을 보여줍니다. 최저가

와 최고가, 그리고 현재가가 표기되며 거래일별 주가 변화 추세를 선으로 표현해주기도 합니다. 이를 '이동평균선'이라고 하고, 위 차트에서는 5일선, 20일선, 60일선, 120일선, 240일선이 표시되어 있습니다.

파란색 박스로 표기해둔 영역을 보면, 꽉 찬 파란색 네모와 꽉 찬 빨간색 네모가 선에 걸려있는 게 보입니다. 이걸 '봉차트'라고 표현합니다. 하루 단위로 보여주기 때문에 '일봉'이라고 표현하지요. 한 주 단위면 '주봉', 분 단위면 '분봉'이라고 합니다.

일봉 차트에서의 일봉을 좀 더 구체적으로 분석해보겠습니다. 일봉에는 크게 아래와 같이 양봉과 음봉이 존재합니다. 주식에서 상승은 빨강, 하락은 파랑으로 표현을 하며, 주가가 장이 시작할 때의 가격보다 오른 채로 마감되면 양봉, 떨어진 채로 마감되면 음봉으로 표현합니다.

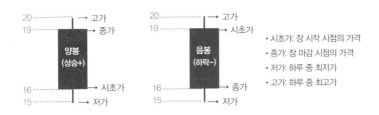

양봉을 기준으로 설명하면, 장 시작 시 해당 주식 가격이 16이었다가, 중간에 15로 떨어지기도 하고 20으로 올라가기도 했다가 19로 마감된 경우입니다.

반대로, 음봉을 기준으로 설명하면, 장 시작 시 주식 가격은 19였고, 중간에 20으로 오르기도 하고 15로 떨어지기도 했다가 결국 16으로 마감된 경우입니다.

　한편, 양봉의 경우 16 → 15 → 20 → 19로 마감했는지, 혹은 16 → 20 → 15 → 19로 마감했는지는 일봉만 봐서는 알 수 없습니다. 장 중간의 변동에 대해서는 일봉에서 나타내주지 않기 때문인데요. 이는 '분차트' 혹은 '틱차트'를 통해 확인이 가능합니다.

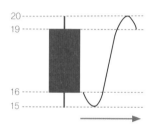 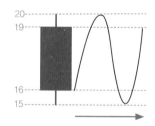

　위 그림에서 좌측은 16으로 시작해 15로 떨어졌다가, 20까지 오른 후 19로 마감한 경우입니다. 우측은 16으로 시작해 20까지 올랐다가 15로 떨어졌고, 마지막에 19까지 오른 후 마감한 경우이지요. 이처럼 시초가와 종가가 같아도, 하루 동안 주가의 움직임은 여러 경우의 수가 존재합니다. 시초가, 종가, 저가, 고가가 동일하면 봉 모양은 위처럼 같지만, 사실상 하루 동안의 주가 움직임은 다른 것이지요.

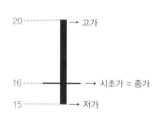

　　만약, 시초가 16, 저가 15, 고가 20, 종가 16이라면 어떨까요? 좌측과 같은 그림을 보일 것입니다. 오르지도(빨강), 내리지도(파랑) 않았으니 검은색으로 표현됩니다.

　일봉을 기준으로 (하루 동안) 고가는

시초가 대비 30%를 넘을 수 없고, 저가 역시도 시초가 대비 30% 아래로 내려갈 수 없습니다. 이를 상한가, 하한가 제도라고 합니다. 가격의 급등과 급락을 막아 투자자들을 보호하는 조치라고 보시면 되겠습니다. 추가적인 다른 조치들(서킷브레이커 등)도 존재하나 이는 참고에서 다루도록 하겠습니다.

이처럼 호가창과 차트를 분석, 향후 주가를 예측해 장내 시장에서 종목을 골라 투자하는 것을 흔히 말하는 '주식투자'라고 하는 것입니다. 어느 정도 감이 오시나요? 개인적으로는 월 2~3% 정도의 수익을 꾸준히 내는 것을 목표로 하고, 무리하지 않는 것을 추천합니다. 아무래도 고위험이 존재하므로 신중히, 분석을 거쳐 투자하셨으면 하는 바람입니다.

참고

주식시장의 규제 (서킷브레이커)

서킷브레이커는 주가 급등락 방지 및 증시 안정화를 목표로 1일 1회, 오전 9시 5분부터 오후 2시 50분 사이에만 발동합니다. 서킷브레이커가 발동하면 주식시장의 경우 매매거래가 20분 동안 중단됩니다. 발동 조건은 아래와 같습니다.

[1단계] 코스피&코스닥 지수 전일 대비 8% 이상 하락하여 1분간 지속

[2단계] 코스피&코스닥 지수 전일 대비 15% 이상 하락 혹은 1단계 서킷프레이커 발동시점 대비 1% 이상 추가 하락하여 1분간 지속

[3단계] 코스피&코스닥 지수 전일 대비 29% 이상 하락 혹은 2단계 서킷프레이커 발동시점 대비 1% 이상 추가 하락하여 1분간 지속

서킷브레이커 발동 사례

시장	일시	배경
코스피	2000-04-17	미 증시 하락(블랙프라이데이)
코스피	2000-09-18	미 증시 하락 및 유가 급등
코스피	2001-09-12	미 9/11 테러
코스닥	2006-01-23	미 증시 악화 및 테마주 급락
코스닥	2007-08-16	서브프라임 모기지 부실 여파
코스닥	2008-10-23	글로벌 금융 위기
코스닥	2008-10-24	글로벌 금융 위기
코스닥	2011-08-08	미 신용등급 하향 충격
코스닥	2011-08-09	미 신용등급 하향 충격
코스닥	2016-12-02	글로벌 경기 침체 우려 확대
코스피&코스닥	2020-03-13	코로나 19 팬데믹
코스피&코스닥	2020-03-19	코로나 19 팬데믹

주식들을 묶어서
사고판다고?
'펀드'

펀드를 흔히 '주식의 바구니'라고 표현합니다. 삼성전자 주식도 사고 싶고, LG전자 주식도 사고 싶고, 하이닉스 주식도 사고 싶은데 이걸 묶어놓은 상품은 없을까? 하는 생각에서 출발된 것이라고 보시면 됩니다. 더 나아가, 전문가가 오를 만한 주식을 묶어서 투자 및 관리를 해주었으면 좋겠다는 투자자들의 희망이 반영되어 있습니다. 그래서 주식은 '직접투자'라고 표현하지만, 펀드는 '간접투자'라고 표현합니다.

펀드의 구성에 따른 유형과 투자 유형(심화 내용)

우리가 흔히 말하는 펀드는 약관에 의해 운용되는 투자신탁형 펀드를 의미하는데요. 펀드를 구성하는 상품의 비중에 따라 아래와 같이 구분 됩니다.

구분		구성
주식형		약관상 주식 최저 편입 비율이 60% 이상
채권형		약관상 채권 최저 편입 비율이 60% 이상
혼합형	주식혼합형	약관상 주식 최고 편입 비율이 50% 이상
	채권혼합형	약관상 주식 최고 편입 비율이 50% 미만
	기타혼합형	주식, 채권 이외의 자산(CP 등)에 주로 투자
MMF		Money Market Fund의 약자로, 단기금융상품(단기채, CP, CD, 예금 등)에 투자
파생형		위험회피 외의 목적으로 10%를 초과해 장내, 장외 파생상품에 투자

펀드는 주식과 달리 상품설명서가 존재합니다. 운용하는 사람이 누구인지, 어디에 얼마의 비중으로 넣을 건지, 위험 수준이 어떻고 수수료는 얼마인지 등이 나와 있습니다. 펀드 투자는 펀드슈퍼마켓(FOSS, 한국포스증권)이라는 사이트를 통해 가능합니다. 개별 증권사 앱을 통해서도 가능하지만, 펀드슈퍼마켓이 취급하는 종류가 가장 많습니다.

▼ 펀드슈퍼마켓 계좌개설안내 화면

위와 같이 우리은행, 우체국 연동 계좌를 사용합니다.

▼ 펀드슈퍼마켓 펀드 검색 화면

화면을 보고 계좌개설 및 펀드 검색을 한 뒤 원하는 펀드에 투자하면
됩니다. 검색화면에서 맨 처음 나와 있는 펀드의 내용을 살펴보기 위해
한번 클릭해보겠습니다.

눌러보시면 투자설명서를 다운로드받을 수 있게 되어 있습니다. 받
아서 열어보면 아래와 같은 간이투자설명서를 확인하실 수 있습니다.

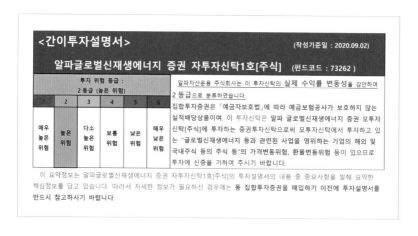

간이투자설명서에는 위험 등급과 투자목적, 펀드보수 및 운용인력에 대한 정보를 확인할 수 있습니다. 여기서 보여지는 건 S클래스 이므로 수수료를 후취한다고 나와 있습니다.

운용보고서도 받아서 열어볼까요? 해당 펀드가 어디에 얼마나 투자하는지, 어떤 클래스들을 운영하는지 확인 가능하고, 구성 비중 또한 확인할 수 있습니다.

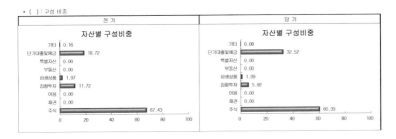

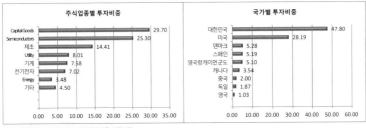

한편, 이런 내용들은 위의 펀드슈퍼마켓에서 아래처럼 카테고리별로 정보 제공을 하고 있으니, 하나씩 눌러서 보시면 시각적으로 잘 정리된 자료를 확인하실 수 있습니다. (참고로, 저는 주로 해당 펀드의 수익률, 펀드 내 개별 종목이 무엇인지와 그 비중을 확인합니다.)

상품 설명서　　　　성과는 어땠나요?　　　　평가등급은 어떤가요?　　　　어디에 투자하나요?　　　　투자커뮤니티

한편, 펀드는 이름만 보아도 내용을 알 수 있게끔 이름을 표현하게 되어 있습니다.

> ## 알파 글로벌신재생에너지증권자투자신탁1호 [주식] S
> 신성장동력인 대체에너지 관련 종목에 글로벌하게 투자하는 펀드

위와 같은 펀드의 이름을 예로 들면, 이 펀드의 이름에는 아래와 같은 의미가 담겨 있습니다.

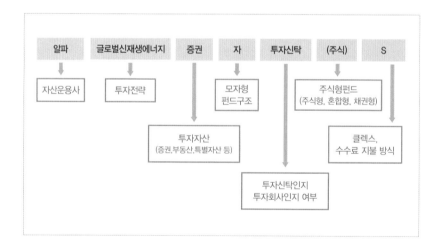

이 정도의 지식수준이면 펀드에 입문할 수 있습니다. 펀드의 위험성과 수익성을 종합적으로 분석해 나타내는 다양한 지표들(샤프지수, 젠센

의알파, 정보비율 등)이 있으나 주식의 EPS, PER 등의 개념처럼 투자에 참고할 만한 개념일 뿐, 몰라도 투자하는 데에는 문제가 없습니다. 이런 것이 있구나 하는 정도만 이해하시면 충분하고, 모르셔도 괜찮습니다.

참고

위험조정성과지표

- 샤프지수: 1이라는 위험을 부담하는 대신 얻은 초과 수익이 얼마인가를 측정하는 지표. 같은 유형끼리 비교했을 때 값이 클수록 좋다.
- 젠센의 알파: 펀드가 가지는 위험 하에서 요구되는 기대수익률을 얼마나 초과했는지를 나타내는 값. 이 값이 클수록 성공적인 투자성과를 나타냈다고 볼 수 있다.
- 정보비율: 적극적인 투자 활동의 결과로 나타나는 초과수익률이 얼마인가를 측정하는 지표. 같은 유형끼리 비교했을 때 값이 클수록 좋다.

온라인으로 돈을 빌려주고 이자를 받는 'P2P투자'

P2P는 'Peer to Peer lending'의 약자로, 온라인 플랫폼을 통해 채권자와 채무자를 직접 연결시켜 주는 것을 의미합니다. 즉, 여러분이 온라인으로 돈이 필요한 사람에게 여러분의 돈을 빌려주고 이자를 받는 것이지요. 예금이 아니기 때문에 채권자(투자자) 입장에서의 예금자보호는 되지 않지만, 은행에 돈을 맡기는 것보다는 높은 수익률을 얻을 수 있습니다. 채무자(돈을 빌리는 사람) 입장에서는 일반 금융기관에서 돈을 빌리는 것보다 낮은 이율로 대출이 가능합니다. 그래서 이자 비용을 줄이려는 목적으로 이용하지요.

본격적인 내용에 앞서, 대출에 대해 조금 더 자세히 알아보고 이어가도록 하겠습니다. 대출은 크게 담보대출과 신용대출로 구분됩니다. 담보대출은 '담보', 즉 무언가로 대출을 갚을 수 있는 매개물이 걸려있는 것을 의미합니다. 가장 흔한 것이 '부동산담보대출'이지요. 전세자금을 매개로 한 '전세자금(담보)대출'이나 차량, 기계, 화물 등의 동산을 매개로 한 '동산담보대출' 등이 여기에 해당합니다. 돈을 갚지 못하면 걸려있는 매개물을 통해 대출금을 회수하게 됩니다. 이 경우, 채무자가 돈을 갚지 못하면 채권자가 경매, 공매와 같은 절차를 진행하지요.

한편, 신용대출은 '담보'가 없는 것을 말합니다. 담보 없이 신용만을 토대로 대출을 해주는 것이지요. '신용=믿음=외상'은 일맥상통한 의미라고 보시면 됩니다. 결국, 돈을 잘 갚을 것이라는 믿음으로 빌려주는 대출을 말하는 것이지요. 만약 채무자가 돈을 갚지 못하면, 채권자는 확실히 돈을 받을 수단이 없습니다. (경매, 공매 등을 통해 돈을 돌려받을 수 있는 대상이 없기 때문입니다.) 그래서 다양한 방법으로 채권 추심을 합니다. 월급이나 기타 소득에 대해 질권 설정을 한다거나, 금융 거래를 막는다거나, 가압류를 하기도 합니다. 어떤 식으로든 빌려준 돈과 이자를 받으려고 하지요.

그러면 신용대출은 무엇을 보고 돈을 빌려줄까요? 바로 신용도입니다. 흔히 "신용도를 본다", "신용도가 높은 것이 좋다"라는 얘기를 하는데 이와 결부된 내용이라고 보시면 됩니다. 조금 더 와닿게 말씀드리면, 향후 돈을 벌어들일 수 있는 능력, 돈을 갚을 수 있는 능력을 과거의 실적(회사의 경우 매출, 개인의 경우 월급과 직장 등)을 토대로 판단한다고 보시면 됩니다. 담보물이 없더라도 돈을 잘 벌어서 이자를 잘 내고 원금을 잘 갚으면 그만이기 때문이지요. 마이너스 통장, 학자금 대출, 햇살론 등이 여기에 속합니다.

대출은 이렇게 크게 담보대출과 신용대출로 구분할 수 있습니다. 그러면 담보대출과 신용대출 중 어떤 것이 금리가 더 높을까요? 돈을 빌려주는 입장에서 생각해보시면 됩니다. 확실히 돈을 돌려받을 수 있는 가능성이 큰 담보대출이 돈을 받을 수 있을지가 확실하지 않은 신용대출보다 더 안전하겠지요? 그래서 신용대출보다 담보대출이 이자율이 더 낮습니다. 담보대출 담보물은 경매나 공매를 통해 판매함으로써 돈을 회수할 수 있지만, 신용대출은 사업자가 과거에 매출이 잘 났다고 앞으로도 잘 날 것이라는 보장이 없고, 건실한 기업을 다니는 직장인이라고 해도 일을 안 하겠다고 하면 돈을 받을 길이 없기 때문이지요.

따라서 담보대출 금리는 보통 2~4% 정도지만, 신용대출은 6~14% 정도로 책정됩니다. 그래서 보통 신용대출을 얘기할 때 '중금리대출'이라는 표현을 많이 쓰지요. 물론 금융기관에서 빌리는 신용대출이 아닌 사금융을 통해 빌리는 신용대출인 '사채'는 2020년 기준 법정 최고 금리인 24%까지 이자를 부담해야 합니다.

P2P대출은 여기서 담보대출과 신용대출 사이의 간극을 메워주는 역할을 합니다. 4~6% 사이의 이자를 제시하는데요. 채무자 입장에서는 신용대출보다 저렴한 이자로 돈을 빌릴 수 있어서 좋고, 채권자 입장에서는 예·적금 금리가 2~4% 정도 수준이기 때문에 은행에 맡기는 것보다 더 높은 수익을 얻을 수 있다 보니 이 둘을 연결시켜 준다고 생각하면 됩니다.

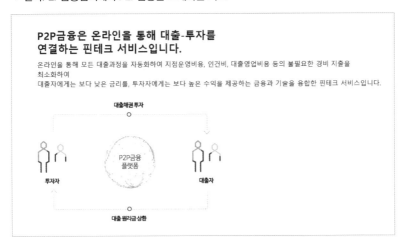

다만, 신용대출과 유사하게 담보물이 없다는 점과 이로 인해 채권자
(투자자)가 원금을 돌려받지 못할 수 있는 위험이 있다는 점으로 인해,
아래처럼 투자금액에 대한 제한이 존재합니다.

구분		~2021년 4월 말	2021년 5월~
일반 개인 투자자	동일 차입자	5백만 원	5백만 원
	일반 업체당	1천만 원	3천만 원
	부동산 업체당	5백만 원	1천만 원
소득 적격 투자자	동일 차입자	2천만 원	2천만 원
	일반 업체당	4천만 원	전체 한도 1억 원
	부동산 업체당	4천만 원	전체 한도 1억 원
개인 전문 투자자	투자 한도 제한 없음 (단, 증권사 전문투자자 확인증 필요)		
법인투자자	투자 한도 제한 없음		

*소득적격투자자 · 아래의 조건 하나라도 충족 시 신청 가능

근로소득 + 사업소득	이자소득 + 배당소득
1억 원 이상	2천만 원 이상

보시는 바와 같이, 투자자 구분에 따라 금액 제한이 존재합니다. 여기서 '동일 차입자'라는 것은 한 채무자에게 빌려줄 수 있는 금액의 제한을 의미합니다. '업체'는 P2P투자를 할 수 있는 사이트를 의미한다고 보시면 됩니다. 그럼 이제 어떤 업체들이 있고 어떤 P2P 투자상품들이 있는지도 구체적으로 확인해보겠습니다.

▼ 데일리펀딩이 운영하는 데일리연구소에서 확인 가능한 자료 (2020년 7월 말 기준)

순번	업체명	누적 대출액 (억 원)	누적 상환액 (억 원)	상환율	수익률	대출 잔액 (억 원)	부실률	연체율	대부업 등록일
1	테라펀딩	11,414	8,666	75.92%	11.82%	2,748	0.75%	19.62%	2017-09-15
2	피플펀드	9,428	6,661	70.65%	10.59%	2,767	–	4.38%	2018-02-20
3	어니스트펀드	9,378	7,301	77.85%	11.63%	2,077	4.12%	9.87%	2017-10-25
4	투게더펀딩	7,806	5,736	73.49%	11.18%	2,069	–	9.41%	2018-01-04
5	데일리펀딩	5,521	4,751	86.05%	14.73%	770	0.00%	0.00%	2017-12-26
6	팝펀딩	4,986	3,700	74.21%	15.05%	1,286	–	97.29%	– (연장X)
7	헬로펀딩	4,295	3,867	90.05%	12.98%	427	0.00%	0.00%	2018-02-19
8	나인티데이즈	3,931	3,684	93.74%	–	246	–	6.41%	2017-11-21
9	프로핏	3,608	2,783	77.14%	14.25%	825	–	0.00%	2018-02-19
10	코리아펀딩	3,526	3,078	87.28%	17.00%	448	–	2.50%	2018-04-03
11	시소펀딩	3,476	2,997	86.23%	13.68%	479	–	0.00%	2018-01-23
12	8퍼센트	3,210	2,597	80.93%	–	612	–	6.61%	2017-09-15
13	루프펀딩	2,067	1,442	69.78%	16.50%	625	–	100.00%	2017-12-21
14	블루문펀드	2,024	1,447	71.51%	15.69%	577	–	2.73%	2018-02-21
15	디에셋펀드	2,016	1,929	95.70%	15.74%	87	–	0.33%	2018-02-19
16	펀다	1,979	1,592	80.45%	10.06%	387	–	5.90%	2018-01-17
17	론포인트	1,773	1,525	85.98%	14.27%	249	–	0.00%	2018-01-23
18	브이펀딩	1,629	1,384	84.93%	12.57%	245	–	0.00%	2018-10-02
19	비욘드펀드	1,305	1,006	77.09%	17.98%	299	–	56.20%	2018-02-21
20	탑펀드	1,294	948	73.27%	16.10%	346	0.00%	5.70%	2017-11-10

위는 누적대출액 상위 20개에 해당하는 P2P 투자가 가능한 사이트를 운영하는 기업들입니다. 테라펀딩의 경우에는 2020년 7월 말 기준으로 1조 1천억 원을 대출해주었네요. 해당 업체들의 대부업 등록 여부 및 상환율, 수익률, 부실률, 연체율까지 찾아보았는데요. 연체율과 부실률은 낮을수록 좋을 테고, 상환율과 수익률은 높을수록 좋겠지요?

실제 투자 방법을 알려드리기 위해, 테라펀딩 사이트를 들어가보았습니다. 아래와 같이 투자 가능한 상품들이 보이며, 약 4천 건의 상품이 존재하고 있습니다.

그런데, 워낙 많은 업체들과 상품들이 존재하다 보니, 어디에 투자하면 좋을지 고르기 어려울 때가 많습니다. 이럴 때 필요한 것이 바로 '정식 대부업체로 등록되어 있는지 파악하는 것'입니다. 개별 상품들이 좋은지 나쁜지를 확인하는 것은 쉽지 않지만, 해당 업체가 사기인지 아닌지 판별하는 것만으로도 큰 도움이 되기 때문이지요.

방법은 간단합니다. 투자하려는 펀딩 사이트에 들어가면, 사이트 하단에 사업자 정보와 대부업 정보가 나와 있습니다. 이걸 금융감독원 사이트를 통해 확인하는 것입니다.

▼ 금융소비자 정보포털 파인

▼ 파인에서 등록대부업체 통합조회 이용

P2P 대부업을 하기 위한 대부업 면허의 경우, 자본금 3억이 필요하며 유효기간은 3년입니다. 이를 참고한다면 언제 대부업체들의 면허가 갱신될지, 갱신이 안 될 가능성이 있는 대부업체는 어디인지 등을 파악하실 수 있습니다.

P2P투자를 하시려면, 대부업 등록이 잘 되어있고, 큰 규모의 대출을 부실율과 연체율 없이 상환해주는 기업을 위주로 투자하는 것을 추천합니다.

원금보장이 가능한 펀드투자 '변액보험'

변액보험은 보험사에서 여러분이 낸 돈을 펀드로 굴려 금액이 변하는 보험상품입니다. 보험사 상품은 대부분 장기상품이라 기간이 길다는 이유로 투자를 꺼리는 분들도 있습니다. 그러나 그 대가로 '10년 이상 유지 시 이자소득세 15.4% 비과세' 그리고 '원금 혹은 고정이율 최저보장' 제도가 있어 잘만 활용하면 투자에 유리합니다. 펀드 투자는 하고 싶은데 원금 손실이 싫다면 기간이 길더라도 변액보험을 통해 펀드를 굴리는 것이 나을 수 있습니다.

한편, 보험사 변액보험 안에 들어있는 펀드는 자산운용사가 운용합니다. 삼성생명 변액보험은 삼성자산운용이, 미래에셋생명 변액보험은 미래에셋자산운용이 운용하는 펀드에 주로 돈을 불입한다고 생각하시면 됩니다. 다음은 미래에셋생명 홈페이지에서 변액펀드 라인업을 확인해본 것입니다.

펀드명	펀드코드	자산군	세부유형	주식편입비	채권편입비	설정일
가치주식형	N140	국내주식	가치	60%~100%	0%~40%	2012.12.26
가치주식형	N1F0	국내주식	가치	0%~100%	0%~40%	2010.04.05
프리미엄포커스주식형	N110	국내주식	배당	60%~100%	0%~40%	2012.02.14
배당주식형	N1E0	국내주식	배당	0%~100%	0%~40%	2008.07.11

이 중 ETF국내주식형을 눌러보니 아래와 같은 정보가 나옵니다. 앞서 '펀드'를 말씀드릴 때 살펴본 것처럼 연평균 수익률은 물론, 주요 투자 자산과 운용사를 확인할 수 있습니다.

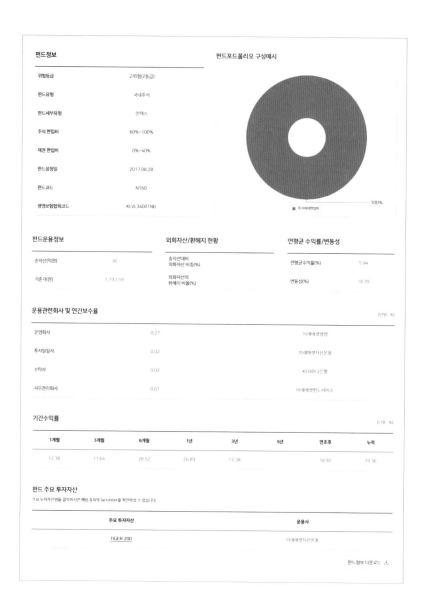

펀드정보

위험등급	고위험(2등급)
펀드유형	국내주식
펀드세부유형	인덱스
주식 편입비	60%~100%
채권 편입비	0%~40%
펀드설정일	2017.08.28
펀드코드	N160
생명보험협회코드	KLVL34001NB

펀드포트폴리오 구성예시

100%
■ 주식최대편입비

펀드운용정보

순자산(억원)	36
기준가(원)	1,193.59

외화자산/환헤지 현황

총자산대비 외화자산 비중(%)	
외화자산의 환헤지 비율(%)	

연평균 수익률/변동성

연평균수익률(%)	5.94
변동성(%)	18.70

운용관련회사 및 연간보수율 (단위 : %)

운용회사	0.27	미래에셋생명
투자일임사	0.02	미래에셋자산운용
수탁사	0.02	KEB하나은행
사무관리회사	0.01	미래에셋펀드 서비스

기간수익률 (단위 : %)

1개월	3개월	6개월	1년	3년	5년	연초후	누적
12.38	11.64	28.52	26.89	12.38		18.92	19.36

펀드 주요 투자자산

주요 투자자산명을 클릭하시면 해당 종목의 factsheet을 확인하실 수 있습니다.

주요 투자자산	운용사
TIGER 200	미래에셋자산운용

펀드정보 다운로드 ⬇

변액보험은 크게 변액연금보험과 변액종신보험이 존재하며 다음과 같이 생겼습니다. 일반적인 변액보험의 생김새만 상품설명서 샘플을 토대로 설명드려 보도록 하겠습니다. 변액보험은 '변액' 즉, 펀드 투자를 통해 액수가 변하는 성격을 가지고 있기 때문에 상품설명서 중간에 '펀드 편입비율'이 나와 있으며 어떤 펀드에 얼마의 비중으로 투자할지를 직접 선택할 수 있습니다.

○ ○ 생명
A변액유니버설종신보험

[펀드 편입비율]

채권형	장기채권형	글로벌자산 배분채권형	글로벌 선진국채권형	MMF형	K-인덱스 주식형	W-인덱스 주식형	글로벌 성장주식형
-	-	-	-	-	-	-	-

미국액티브 주식형	미국블루칩 인덱스주식형	유럽인덱스 주식형	이머징인덱스 주식형	S자산 배분형50	S자산 배분형30	합계
-	-	-	-	100%	-	100%

[노후자금, 사망보험금 및 해지환급금 안내]

노후자금개시나이(세)	노후자금보너스금액(원)
65	1,348,200

※ 예시에서 순수익률은 예시된 투자수익률에서 최저사망보험금 보증비용(가입 후 10년 이내 계약자 적립금 기준 보증비용만 반영)이 차감된 후의 수익률입니다.

경과 년도	나이	기본 예정 적립금	투자수익률 연 -1.0% 가정 (순수익률 연 -3.4% 가정)			투자수익률 연 2.5% 가정 (순수익률 연 0.1% 가정)			투자수익률 연 3.75% 가정 (순수익률 연 1.4% 가정)		
			노후자금 (만 원)	사망보험금 (만 원)	해지환급금 (만 원)	노후자금 (만 원)	사망보험금 (만 원)	해지환급금 (만 원)	노후자금 (만 원)	사망보험금 (만 원)	해지환급금 (만 원)
39년	65세	6,449	0	10,000	633	0	10,000	3,945	0	10,000	6,533
40년	66세	6,319	296	9,550	513	296	9,550	3,803	296	9,550	6,436
41년	67세	6,178	299	9,100	395	301	9,100	3,654	303	9,100	6,327
42년	68세	6,025	305	8,650	281	306	8,650	3,500	312	8,650	6,206
⋮	⋮	⋮	⋮	⋮	⋮	⋮	⋮	⋮	⋮	⋮	⋮
54년	80세	2,898	393	3,250	0	393	3,250	1,122	463	3,496	3,472
55년	81세	2,549	401	2,800	0	401	2,800	910	480	3,122	3,100
56년	82세	2,185	409	2,350	0	409	2,350	707	498	2,715	2,697
57년	83세	1,806	418	1,900	0	418	1,900	516	516	2,276	2,260
58년	84세	1,410	427	1,450	0	427	1,450	341	535	1,800	1,788
59년	85세	996	437	1,000	0	437	1,000	191	554	1,287	1,278
노후자금 합계			7,236만 원			7,239만 원			8,154만 원		
			Worst			Normal			Best		

○ ○ 생명
B변액연금보험

[펀드 편입비율]

채권형	MMF형	일반 주식형	배당주 주식형	그로스 주식형	인덱스 주식형	케이인덱스 (K-Index) 주식형	더블유인덱스 (W-Index) 주식형
–	–	–	–	–	–	–	–

00그룹 주식형	업종대표 주식형	업종대표 알파 주식형	미국블루칩 인덱스 주식형	One펀드 –글로벌포커스 주식형	One펀드 –국내포커스 주식형	S자산 배분형30	합계
–	–	–	–	–	–	100%	100%

※ 펀드종류 및 주요특징, 자산운용옵션 등에 대한 자세한 내용은 운용설명서 및 약관을 참조하시기 바랍니다.

[연금지급형태 변경시 연금지급액 예시(계약자적립금 100% 재원)]

※ 아래 연금지급형태 변경은 가입후 연금지급개시일 전일까지만 선택가능

[연금연액 기준(단위: 만 원)]

(65세) 연금지급 개시시점 계약자적립금		투자수익률 연 -1.0% (12,000)		투자수익률 연 2.5% (23,387)		투자수익률 연 3.75% (35,444)	
연금개시후		최저보증 이율	연복리 2.37%	최저보증 이율	연복리 2.37%	최저보증 이율	연복리 2.37%
종신연금 플러스형	10회 보증	401	530	781	1,034	1,184	1,567
	18회 보증	396	523	771	1,021	1,169	1,547
	35회 보증	350	475	683	926	1,035	1,404
확정기간 연금 플러스형	5년형	2,411	2,501	4,700	4,874	7,124	7,387
	10년형	1,221	1,323	2,379	2,579	3,606	3,909
	15년형	824	933	1,606	1,818	2,434	2,755
	20년형	625	739	1,219	1,440	1,848	2,182
	30년형	427	547	833	1,067	1,262	1,617
⋮	⋮	⋮	⋮	⋮	⋮	⋮	⋮
상속연금형	생존시	59	276	115	538	175	816
	해지 또는 사망시 일시금	11,940	11,722	23,271	22,846	35,267	34,623
		Worst		Normal		Best	

변액보험 중에서는 최저보증이 되는 것과 아닌 것이 있으며, 중간에 돈을 인출할 수 있는지 여부도 상품별로 다릅니다. 장기상품이다 보니 납입 기간이 길다는 것 자체가 리스크가 될 수 있으므로, 어떤 기능들을 갖추고 있는지 꼼꼼히 따져보는 것을 권장합니다.

제일 중요한 부분은 '지급 예시' 화면입니다. Worst, Normal, Best의 3단 구조로 예시를 보여주지요. 이 중 맨 왼쪽에 위치한 Worst Case를 보면, 최악의 경우 얼마의 금액을 받게 되는지 나와 있는데, 이를 통해 향후 수령액을 예측할 수 있습니다.

한편, 상품 가입 및 상담은 보험사 홈페이지를 이용하거나, 주위에 있는 설계사들을 통해 진행이 가능합니다. 변액보험은 아무래도 어떤 펀드를 선택해 보험을 관리하느냐에 따라 수익률이 달라지다 보니, 수익을 잘 내주면서 관리까지 잘 해주는 설계사를 만나면 유리합니다. (이런 설계사를 찾기가 쉽지는 않은 편입니다.) 설계사를 소개받거나 만나게 되는 경우에는 MDRT, CFP, 우수인증설계사, 우수컨설턴트 등의 라이센스나 자격이 있는지 여부를 확인하시면 판단에 도움이 됩니다. 상기 엠블럼들이 오래 일한 고객지향형 영업인 징표에 해당하기 때문입니다. 또, 변액보험을 잘 다루는 보험설계사들은 증권사 투자권유대행인을 겸하고 있는 경우가 많기에 증권사 투자권유대행 코드가 있는지를 확인하는 것도 좋은 방법입니다.

본격적인 투자! 충분히 공부하고 시작합시다

주식이나 펀드. 주위에서 참 많이들 하지요?

하지만 충분한 공부가 되지 않은 상태에서는 독이 될 수 있습니다.

알려드린 방법을 토대로 내게 가장 알맞은 투자 수단은 무엇인지 고민

해보고, 더 열심히 공부한 후 위험하지 않게 투자해보는 것을 권장합

니다.

- 내게 맞을 것 같은 투자 수단 골라보기

  주식 ☐   펀드 ☐   P2P ☐   변액보험 ☐
- 위에서 고른 투자 수단에 투자할 금액 정해보기   ☐
- 저축할 금액과 투자할 금액을 나누어 나만의 한 달   ☐

  '저축&투자 포트폴리오'를 구성해보기

항목	금액	비중*
저축 – 적금	_____원	_____%
저축 – ISA	_____원	_____%
저축 – CMA	_____원	_____%
투자 – 주식	_____원	_____%
투자 – 펀드	_____원	_____%
투자 – P2P	_____원	_____%
투자 – 변액보험	_____원	_____%
총	_____원	100 %

*각 항목별 금액/총액x100

CHAPTER 3

돈은 좀 모았는데,
이제 뭐 하지?
위험한 건 불안한데…

- 환율에 투자하는 '외화예적금'

- 매달 배당금이 월세처럼 들어와~ '해외 월배당주'

- 차용증을 사고 팔아요 '채권'

- 안전자산 하면 바로 이것 '금'

- 적금을 원화가 아닌 외화로도 가입할 수 있다는 것 알고 계셨나요? ☐

- 달러를 살 때, 팔 때, 송금 보낼 때, 송금 받을 때의 환율이 모두 ☐
  다르다는 점, 겪어보신 적 있으신가요?

- 주식 배당금에 대해 들어본 적 있으신가요? ☐

- 건물주처럼 월마다 따박따박 현금이 들어오는 경험, ☐
  해보고 싶으신가요?

- '금테크'라는 말, 들어보셨나요? ☐

💬 재테크를 하다보면, 시간이 지날수록 돈이 조금씩 모이게 됩니다. 100만 원으로 1년 동안 예적금과 CMA를 통해 돈을 모으고, 다시 1년 동안 주식, 펀드를 통해 돈을 불리게 되면 2~3천만 원 정도의 돈이 모이게 되지요. 어느 정도 목돈이 생기면 그 돈을 투자하고 싶은 욕심이 생기기 마련입니다. 그냥 통장에 남겨 두면 안 될 것 같고, 어디 괜찮은 투자처가 없을까 하고 고민하기 시작합니다. 그러면서도 열심히 모은 돈을 날리게 될까 봐 걱정되어 위험한 투자는 하고 싶지 않은 마음도 함께 들지요.

그런 분들을 위해 추천하는 것이 외화예적금, 해외배당주, 금, 채권입니다. 100만 원으로 투자를 한다면 외화적금 25만 원, 해외배당주 40만 원, 채권 15만 원, 금 20만 원을 추천하고, 목돈 2,000만 원으로 투자를 한다면 외화정기예금 500만 원, 해외배당주 800만 원, 채권 300만 원, 금 400만 원을 추천합니다.

환율에 투자하는 '외화예적금'

외화예적금은 달러, 엔화와 같은 외국 통화를 예금 혹은 적금 방식으로 사는 것을 말합니다. 저위험을 추구하려면 가급적 변동성이 적은 외화에 투자하는 것을 추천합니다. (개발도상국이나 국가신용위험이 높은 국가의 통화는 변동성이 크기 때문에 손해가 클 수 있어 위험합니다.)

외화 예적금 상품을 알아보기에 앞서, 외화 투자에 참고할 만한 두 가지를 알려드리고 넘어가도록 하겠습니다.

환율 우대라는 개념

은행에 가면 '환전수수료 우대, 환율 우대'라는 등의 말을 많이 합니다. 그러나, 무슨 의미인지 세대로 아는 분은 많지 않은데요. 여기서 설명하겠습니다. (상식적으로도 알아두면 좋습니다.) 환율은 크게 5가지(살 때, 팔 때, 보낼 때, 받을 때, 매매기준율)로 구분합니다. 1달러를 살 때 내는 돈과, 1달러를 팔았을 때 받는 돈이 다른 것이지요. 매매기준율은 살 때와 팔 때의 환율 평균입니다. 만약, 살 때의 환율이 1,116.4원이고, 팔 때의 환율이 1078원이라면 매매기준율은 1097.2원이 되는 것이지요. 매매기준율과 살 때 혹은 팔 때의 환율 차이는 19.2원입니다. 만약 50% 우대를 받는다면, 이 차이를 50% 싸게 해준다는 의미가 됩니다. 즉, 19.2의 50%인 9.6만을 차이금액으로 내고 환전이 가능한 것이지요.

환차익에 대한 세금

현재 우리나라 세법상 화폐의 시세변동에 의한 차익은 과세 대상이 아닙니다. 따라서, 예적금 이자에 대해서는 세금이 붙지만, 환율 변동에 대한 부분은 세금 없이 수익을 볼 수 있습니다. 이자, 배당 등 금융소득에 붙는 세금이 14%임을 감안하면, 다른 투자들보다 세금 측면에서 유리한 셈입니다.

저위험 추구 외화 투자

그렇다면, 변동성이 적은 통화는 어떻게 확인할 수 있을까요? 보통 변동성이 적다는 것은 3년에 10% 이하로 변동하는 것을 의미합니다. 다르게 말하면 3년 정도의 기간을 두고 10%를 수익의 상한선으로 정하거나 반대로 10%를 최대 손실의 하한선으로 정한다는 뜻이지요. 상한 혹은 하한으로 수익 혹은 손실 폭을 제한하는 것입니다. 이해되시나요? 그럼 이런 외화는 무엇이고 어떻게 찾는지 바로 알아보도록 하겠습니다.

통화	국가	0	1	2	3	수익률 변동			
		시작가	최저가	최고가	종가	3년간변동	기간별1	기간별2	기간별3
달러	미국	1,140	1,130	1,180	1,200	5.30%	−0.90%	4.40%	1.70%
위안화	중국	169	164	172	172	1.80%	−3.00%	4.90%	0.00%
엔화	일본	1,030	1,010	1,090	1,130	10.00%	−2.00%	8.00%	3.70%

여기서 보면 위안화가 변동성이 제일 작고, 엔화가 변동성이 제일 큽니다. 위험으로 따지면 엔화 투자가 제일 위험한 것이지요. 위와 같은 분석을 통해 투자 대상 외화를 정한 뒤, 은행을 통해 외화 예적금을 가입하면 됩니다. (위 표와 같은 환율 변동을 확인할 수 있는 사이트는 '서울외국환중개'가 있습니다.)

가입방법의 경우, 주거래은행 사이트에서 '외환' 탭에 가면 가입 가능 상품을 확인할 수 있습니다. 신한은행을 토대로 살펴보면, 다음과 같은 외화예금상품들 중 본인에게 맞는 상품을 확인해 가입하기 버튼을 눌러 가입을 진행하면 됩니다.

▼ 신한은행 Tops외화적립예금 가입화면(자동적립이 가능해 유리하다.)

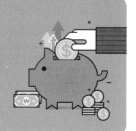

매달 배당금이
월세처럼 들어와~
'해의 월배당주'

'배당'이라는 말을 들어보셨나요? 앞서 회사들이 자금을 모으는 방법으로 주식과 채권을 이용한다고 말씀드렸는데요. 채권은 '언제까지 얼마의 이자를 주겠다'라고 약정을 하는 것이라면, 주식은 '우리 회사가 잘되면 그 수익을 함께 나눠줄 테니 투자해라'라는 것이라고 말씀드렸습니다. 회사가 잘돼서 수익을 나눠주는 방법은 두 가지가 있습니다. 하나는 회사의 수익을 배당을 통해 투자자인 여러분(주주)에게 직접 돌려주는 방법, 다른 하나는 주가를 올려 시세차익을 볼 수 있게끔 해서 간접적으로 돌려주는 방법이 있지요.

- 채권투자: 원금과 이자를 줌. 채권 가격은 금리에 따라 바뀔 수 있어, 채권 가격 변동에 따른 시세차익 존재. 이자는 채권 발행 당시의 이자율에 대해 확정된 금액을 만기에 지급

- 주식투자: 주식을 줌. 주식 가격 변동에 따라 시세차익 존재. 회사의 수익을 주주에게 나눠주는 배당이 존재하며 배당 금액은 회사의 매년 수익에 따라 달라짐

이해되시나요? 주식의 배당과 관련해서 사례로 좀 더 쉽게 풀어볼게요. 가치가 100만 원인 회사가 1주를 1만 원에 발행해서, 총 100주를 발행했습니다. 그런데 여러분이 이 회사에 현금 1만 원을 투자해서 1주를 산 거예요. 그 해에 회사가 30만 원의 수익을 내서 가치가 130만 원이 되었다면 여러분의 주식은 1만 원에서 1만 3천 원으로 가치가 올라갈 것입니다. (130만 원을 100주로 나누면 1만 3천 원이 되니까요!)

그런데, 여러분이 1만 3천 원의 현금을 얻기 위해서는 가지고 있는 1주를 팔아야겠지요? 팔지 않으면 그냥 숫자일 뿐이니까요. 그래서 회사는 여러분이 주식을 팔지 않더라도 주식 투자로 인한 수익을 실현할 수 있도록 현금을 나눠주는 배당을 합니다. 계속 주주로 남아 지속적인 투자가 될 수 있도록 하는 것이지요. 만약 30만 원의 수익 중 20만 원을 현금으로 배당한다고 해보면, 여러분에게는 2천 원의 현금이 들어올 거예요. 그리고 회사 가치는 130만 원에서 20만 원을 뺀 110만 원이 될 것이고요.

	회사가치	투자가치
배당 전	회사가치 130만 원 + 배당금 없음	주식 1만 3천 원 + 현금 0원
배당 후	회사가치 110만 원 + 배당금 현금 20만 원	주식 1만 1천 원 + 현금 2천 원

아시겠지요? 배당을 하냐 안 하냐는 사실상 수익을 바로 실현할 수 있느냐 없느냐의 문제이지 배당을 안 한다고 좋지 않은 기업이라거나, 배당을 한다고 해서 좋은 기업인 것은 아닙니다. 수익이 잘 나야 배당도 줄 수 있을 테니까요.

만약 여기서 배당을 30만 원 줬다고 해보면, 여러분이 투자한 원금은 그대로이고 배당으로 3천 원을 받아갈 테니, 실현된 투자수익률은 30%가 되겠네요. 주식 가격이 오른다고 해도 팔기 전까지는 실제 수익이 아니다 보니, 배당으로 확정수익을 받아가는 것이 현금흐름 측면에서 더 유리합니다.

이제 배당주에 대한 이야기로 들어가 봅시다. 배당주는 위에서 설명한 것처럼 말 그대로 주식은 주식인데 배당을 잘 주는 주식이라고 생각하시면 됩니다. 보통 우리나라의 경우에는 배당을 연 1회 지급합니다. 연결산 이후에 남은 수익을 토대로 지급하지요. 한편 해외, 특히 미국의 경우에는 반기배당(연 2회), 분기배당(연 4회), 월배당(연 12회)을 하는 주식들이 존재합니다. 월배당의 경우에는 매월 배당금이 들어오다 보니 월세를 받는 건물주가 된 기분을 느낄 수 있습니다.

구글에 'dividend king list'라고 검색을 하면 여러 사이트에서 배당주를 소개합니다. 검색 결과를 보니, 검색창에 입력만 했는데도 불구하고 여러 기업을 소개해주는 것을 다음과 같이 보실 수 있습니다.

우리가 잘 알고 있는 코카콜라, 맥도날드, 월마트, 존슨앤존슨, P&G 같은 회사들이 배당주에 속합니다. 다만, 유명하고 큰 기업일수록 배당

률이 크지는 않은 편입니다. (배당률이 작아 배당수익률은 낮지만, 주가 상승을 통해 시세 차익을 얻을 수 있는 가능성이 더 큽니다.) 일반 배당주에 대해 궁금하다면 다음과 같이 검색을 통해 괜찮아 보이는 종목을 찾아서 투자하면 됩니다. 다만, 이 경우에는 일반 주식 투자와 별반 차이가 없다고 생각하기 때문에 여기서는 자세히 다루지 않겠습니다.

한편, 여러분이 여기서 주목했으면 하는 것은 바로 '월배당주'입니다. 매월 배당을 주는 종목들인데요. 매월 배당금이 월세처럼 들어오다 보니, 건물주가 된 듯한 느낌을 받을 수 있습니다. 또한, 현금이 매달 들어오는 장점으로 인해 들어온 돈을 모아 주식을 더 사는 식의 재투자가 가능해 유동성 측면에서 유리하기도 합니다. 월 배당주는 크게 대부업과 부동산임대업을 하는 회사로 구분됩니다. 매달 회사에 수익이 일정하게 들어올 수 있어야 그 돈으로 투자자인 여러분들에게 배당을 꾸준히 줄 수 있겠지요? 월배당을 주는 회사들은 투자자들로부터 모은 돈을 다음과 같이 운용합니다.

• 대부업: 기업들에게 돈을 빌려주고 이자를 회수해 해당 수익의 일부를 투자자들에게 배분

- 부동산임대업: 부동산에 투자, 임대수익을 얻어 해당 수익의 일부를 투자자들에게 배분

여러 월배당주들이 존재하지만, 사회초년생이 투자하기 좋은 대표적인 배당주는 아래의 총 12개에 해당하는 주식들입니다. 6개는 대부업, 5개는 부동산, 1개는 기타에 해당합니다.

▼ 추천 배당주

분야	티커*	이름	수익구조
대부업	PHK	PIMCO HIGH YIELD FUND	회사채 및 기타 배당증권에 투자하여 채권 만기 수익 및 배당이득 창출
	PDI	PIMCO DYNAMIC INCOME FUND	자산유동화증권(ABS), 부채담보부증권(CDO), 대출채권 분할매각(LBN)을 통한 수익 및 배당이득 창출
	PCI	PIMCO DYNAMIC CREDIT and Mortgage INCOME FUND	주택저당증권(MBS) 및 은행, 원유, 전기, 화학 등에 투자
	MAIN	MAIN STREET CAPITAL	중소기업(Lower Middle Market & Middle Market에 속한)에 대출을 해주고 이자를 통해 수익 창출
	GAIN	GLADSTONE INVESTMENT	중소기업 채무증권 및 소비재 성장주에 투자해 수익 창출
	GOF	GUGGENHEIM STRATEGIC OPPORTUNITIES CORP.	회사채, 대출채권, 중순위채권 등에 투자해 수익 획득
부동산	O	REALTY IMCOME	49개주 6,500개 이상의 물건을 통해 월세 및 리스료 등 임대수입 획득
	LTC	LTC PROPERTY	실버타운, 요양원, 헬스케어 시설에 투자 후 임대를 주어 임대수익 획득
	AGNC	AMERICAN CAPITAL AGENCY CORP.	연방정부의 주거용 주택저당증권(MBS)을 전문적으로 투자하여 수익 창출
	GOOD	GLADSTONE COMMERCIAL CORP.	오피스 및 산업용 물건 투자, 상업용 담보대출 후 이자 회수 등을 통해 수익 창출
	EPR	ESSENTIAL PROPERTIES REALTY	극장, 골프장, 학교, 유치원, 놀이공원, 스키, 피트니스 등 다양한 부동산에 투자
기타	PBA	PEMBINA PIPELINE CORP.	파이프라인(원유, 천연가스 수송관) 건설 및 관련 가공 처리를 통한 수익 창출

* 티커(Ticker)는 주식 식별 표기를 의미함

재무적으로 위 주식들을 분석해보면 다음와 같습니다.

분야	티커	거래소	시가총액($)	분류	연간 배당률
대부업	PHK	NYSE	717,372,000	CEF*	11.01%
	PDI	NYSE	1,441,607,000	CEF	10.60%
	PCI	NYSE	2,680,325,000	CEF	10.94%
	MAIN	NYSE	2,016,138,000	Commercial Loans	8.07%
	GAIN	NASDAQ	311,795,000	CEF	8.86%
	GOF	NYSE	765,790,000	CEF	13.04%
부동산	O	NYSE	21,889,295,000	Commercial REITs**	4.47%
	LTC	NYSE	1,457,475,000	Healthcare REITs	6.22%
	AGNC	NASDAQ	7,855,012,000	Mortgage REITs	10.25%
	GOOD	NASDAQ	671,104,000	Diversified REITs	8.12%
	EPR	NYSE	2,473,383,000	Commercial REITs	7.11%***
기타	PBA	NYSE	1,053,752,000	Ordinary Equity	7.59%

* CEF는 Closed End Funds의 약자로, 폐쇄형 펀드를 의미함

** REITs는 Real Estate Investment Trusts의 약자로, 부동산펀드를 의미함

*** EPR의 연간 배당수익률은 2020년 3, 4월에 평소 대비 급증한 바 있어 기존 기준과 유사한 2020년 2월을 기준으로 계산된 연 배당수익률로 기재

위에서 보면 거래소에 NYSE와 NASDAQ이 표기되어 있습니다. 각각 미국의 뉴욕증권거래소 그리고 나스닥을 의미합니다. 미국 주식시장에 상장된 주식이라는 의미이며, 상장 요건을 통과했기 때문에 어느 정도 안정성은 검증되어 있다고 생각하시면 되겠습니다. 연간 배당수익률의 경우, 해당 배당 시점으로부터 최근 1년간의 배당금을 당시 주가로 나누어 계산합니다. 배당 시점 기준 연 배당수익률을 계산한 것이지요. 구체적으로 대표 종목인 핌코의 2020년 11월 말 기준 2020년 배당 히스토리를 조회한 내역을 살펴보도록 하겠습니다.

Dividend History for Com Shs/Pimco High Income Fund (NYSE:PHK)

Search by Ticker Symbol

Click to see Stock Price Quote detail and other financial information on PHK, or here to see PHK Projected 10 Year Dividend Yield.

Com Shs/Pimco High Income Fund (NYSE:PHK) Dividend History					

Com Shs/Pimco High Income Fund 2021 Dividends

Decl Date	Ex Date	Rec Date	Pay Date	Type	Amount $
Dec. 01, 2020	Dec. 10, 2020	Dec. 11, 2020	Jan. 04, 2021	0	0.048

Com Shs/Pimco High Income Fund 2021 Total: 0.048

Com Shs/Pimco High Income Fund 2020 Dividends

Decl Date	Ex Date	Rec Date	Pay Date	Type	Amount $
Nov. 02, 2020	Nov. 10, 2020	Nov. 12, 2020	Dec. 01, 2020	0	0.048
Oct. 01, 2020	Oct. 09, 2020	Oct. 13, 2020	Nov. 02, 2020	0	0.048
Sep. 01, 2020	Sep. 10, 2020	Sep. 11, 2020	Oct. 01, 2020	0	0.048
Aug. 03. 2020	Aug. 12, 2020	Aug. 13, 2020	Sep. 01, 2020	0	0.048
Jul. 01, 2020	Jul. 10, 2020	Jul. 13, 2020	Aug. 03, 2020	0	0.048
Jun. 01, 2020	Jun. 10, 2020	Jun. 11, 2020	Jul. 01, 2020	0	0.048
May. 01, 2020	May. 08, 2020	May. 11, 2020	Jun. 01, 2020	0	0.061
Apr. 01, 2020	Apr. 09, 2020	Apr. 13, 2020	May. 01, 2020	0	0.061
Mar. 02, 2020	Mar. 11, 2020	Mar. 12, 2020	Apr. 01, 2020	0	0.061
Feb. 03, 2020	Feb. 12, 2020	Feb. 13, 2020	Mar. 02, 2020	0	0.061
Jan. 02, 2020	Jan. 10, 2020	Jan. 13, 2020	Feb. 03, 2020	0	0.061
Dec. 02, 2019	Dec. 11, 2019	Dec. 12, 2019	Jan. 02, 2020	0	0.061

Com Shs/Pimco High Income Fund 2020 Total: 0.656

월 배당을 꾸준히 준 기록이 눈에 보이시죠? 지면 관계상 2020년 배당만 가져왔지만, 2003년부터 꾸준히 배당을 준 기업입니다. 해당 기업들에 분산 투자를 한다면, 대체로 일반 주식이나 펀드보다는 안정적으로 목돈을 굴리거나 투자할 수 있을 것입니다.

차용증을 사고 팔아요 '채권'

채권은 회사가 투자자들의 돈을 일정 기간 빌린 뒤 이자를 얹어서 갚는 '차용증'이라고 생각하시면 됩니다. 즉, 회사가 채권을 발행한다는 것은 돈을 빌려주면 '언제까지 얼마의 이자를 주겠다'라는 증서를 발행해 주는 것과 같습니다. 여러분들은 이렇게 발행된 채권을 사고, 팔게 되는 것이지요.

채권투자는 장내, 장외로 구분됩니다. 채권도 주식처럼 사고파는 시장 역할을 하는 거래소가 존재하며, 거래소에서 채권을 사는 것을 장내채권 투자라고 합니다. 반면에 장외채권은 큰 금액의 채권이 발행될 때, 금융기관(증권사가 대표적)에서 자금을 대고 채권을 사와서 작게 쪼갠 다음 고객들에게 되파는 것을 말합니다. 주식은 거래소를 통한 장내 주식 거래가 일반적이지만, 채권의 경우 여러분은 일반적으로 '장외채권'에 투자하게 됩니다. 금융기관을 끼고 있어 조금 더 안정적이고 안전하다는 느낌이 강하게 작용하기 때문입니다.

　그런데, 채권이 '언제까지 얼마의 이자를 주겠다'라고 하는 것이면, 사실 투자하는 입장에서는 이자를 받기 위해 투자하는 정기예금과 같은 성격으로 생각할 수 있습니다. 그래서, 채권과 정기예금이 어떤 차이가 있는지 궁금해 하시는 분들이 있습니다. '채권을 투자할 바에는 정기예금이 낫지 않나요?'라는 식의 질문이지요. 결론부터 말씀드리면, 채권은 채권마다 가격이 정해져 있고 그것이 이자율에 따라 변동하므로 이자소득뿐만 아니라 매매차익도 발생합니다. 이자도 받고 매매수익도 얻을 수 있는 것이지요.

▼ 키움증권 채권 관련 소개자료

예를 들어 현재 한국은행 기준금리가 1%이고, 제1금융권 은행들의 정기예금 금리가 2%라고 해보겠습니다. 여러분이 은행에 천만 원을 넣으면, 1년 뒤에 20만 원에서 세금을 떼고 17만 원 정도가 들어옵니다. 그런데 만약 6개월 뒤에 기준금리가 올라서 1.5%가 되고, 정기예금 금리가 2.2%가 되었다고 가정해보겠습니다. 여러분의 정기예금은 변동 없이 6개월이 더 지나 만기가 되면 17만 원이 들어오겠지요.

그런데 만약 1년 뒤에 2%를 주는 채권에 투자했다고 해볼까요? 1천만 원을 투자했는데, 6개월이 지나면서 괜한 투자가 되어 버렸습니다. 지금 당장 투자하면 은행에만 돈을 넣어도 2.2%를 받을 텐데 하는 아쉬움도 생길 테고요.

1천만 원의 남은 6개월 치 이자인 10만 원을 연이율 2.2%짜리 6개월 만기로 투자한다고 가정하면, 1천만 원이 아닌 9백 9만 원가량만 있으면 될 것입니다. 받기로 한 이자는 정해져 있으니, 내가 투자한 채권의 가격은 더 이상 1천만 원이 아닌, 9백 9만 원의 가치를 지니게 되는 것이지요. 채권 가격이 9백 9만 원이 되므로 매매로 인한 손실은 약 91만 원이 발생합니다. 여기에 채권 만기 시 이자가 약 17만 원이므로 순 손실은 74만 원(매매손실 91만 원-이자수익 17만 원)이 됩니다.

반대로, 기준금리가 떨어져서 이자율이 하락하면, 미리 채권을 사둔 것이 잘한 투자가 될 테고 그만큼 채권 가격이 올라 이득을 보게 됩니다. 즉, '채권은 이자율에 따라 가격이 바뀐다', '이자율이 오르면 가격이 떨어지고, 이자율이 떨어지면 가격이 오른다'라고 생각하시면 됩니다.

채권은 다음과 같이 다양하게 구분됩니다.

발행주체에 따른 구분	
국채	정부가 발행하는 채권으로, 신용도가 가장 높음
지방채	지방공공기관이 지방재정 자금을 조달하기 위해 발행
특수채	한국전력공사, 토지개발공사 등 특별법에 의해 설립된 기관이 발행하는 채권
금융채	한국은행, 한국산업은행 등 금융기관이 장기대출자금 조달을 위하여 발행하는 채권
회사채*	상법상 주식회사가 발행하는 채권. 채권자들은 주주에 우선해 이자를 지급받음

*회사채는 공사비에 소요되는 공사채권, 인프라 투자 등에 쓰이는 운용사 채권 등 다양한 투자처에 활용되는 채권으로 구성됩니다. 우리는 실질적으로 여기에 투자한다고 생각하면 됩니다.

이자지급방법에 따른 구분	
이표채	이자지급일 마다 이자를 지급하는 채권
할인채	만기에 받을 이자만큼을 할인해 발행하는 채권 (100 → 110 으로 10의 이자가 붙는 걸 91 → 100으로 계산해서 발행 : 10을 9로 할인)
복리채	이자가 지급기간 동안 복리로 재투자되어 만기상환시 원금, 이자가 동시에 지급되는 채권

이론적인 내용보다는 실제로 어떤 것에 투자할 수 있는지가 중요하다 보니, 다음의 투자 가능 채권 목록을 확인하는 것이 좀 더 와닿으실 겁니다.

다음은 키움증권이 판매 중인 채권 자료인데, 보이는 바와 같이 만기 및 약정 이자가 나와 있습니다. 매매단가도 확인 가능하지요. 이 금액이 시중 은행 이자율에 따라 변동되어 내가 산 가격보다 오를 수도, 떨어질 수도 있는 것입니다.

한 가지 추가로 알려드릴 사항은 '신용등급'에 관한 내용입니다. 보통 신용등급이라고 하면 연관된 단어로 대출(이건 개인의 신용등급에 관한 이야기)을 떠올리실 수도 있을 것 같지만, 여기서 말하고 싶은 것은 회사의 신용등급에 대한 부분입니다. 신용등급은 채권투자에 있어 중요한 평가 지표가 되기도 합니다.

회사의 신용등급은 신용평가사가 평가합니다. 평가 기관마다 다르게 평가할 수 있지만, 기준은 규격화되어 있습니다. 우측 표와 같이 국내의 경우에는 18개 등급으로 평가하며, 국내 평가사는 한국신용평가, 나이스신용평가, 한국기업평가 등이 존재합니다. 보통, '투자적격'에 해당하는 채권들을 '투자등급'에 있다고 표현하며, '투자요주의' 및 '투자부적격'에 해당하는 채권들은 '투기등급'으로 분류합니다. 신용등급이 높을수록 안전성이 높은 대신 이자율은 낮다 보니 보통은 BBB등급을 기준으로 투자를 추천하는 편입니다. 그 아래는 이자율은 높지만, 안전성이 떨어져, 채권이 지닌 안정성의 매력이 반감되지요.

신용등급 (18개 등급)	신용등급 의미	투자구분	신용등급 (18개 등급)	신용등급 의미	투자구분
AAA	신용상태 최상		BB+		
AA+			BB		
AA	신용상태 우수		BB−	투자시 요주의	투자요주의
AA−			B		
A+		투자적격	CCC		
A	신용상태 양호		CC		
A−			C	신용상태 최악	투자부적격
BBB+			D		
BBB	신용상태 적절		국내 기준에 해당함		
BBB−					

결국, '신용등급 = 이 회사가 돈을 잘 갚을 수 있을지 여부'라고 보시면 됩니다. 채권자는 주주보다 우선적으로 이자를 받아갈 수 있는 지위에 있다 보니, 너무 위험한 등급의 투기성 투자만 아니라면 채권은 매력적인 투자처라고 볼 수 있습니다.

투자하는 방법은 증권사 어플을 통해 주식, 펀드와 마찬가지로 비대면으로 가능합니다. 주식 투자에 활용했던 '키움증권'을 예시로 투자방법을 알려드리면 다음과 같습니다. 채권 탭을 눌러 '장외채권 〉 판매중인상품'을 클릭하면 투자 가능한 채권들을 확인할 수 있고, 발행정보확인 및 매수가 가능합니다.

▼ 키움증권 장외채권 투자 화면

　　한편, 장내채권도 투자가 가능하나 '경쟁매매' 방식으로 해야 하고, 단기사채의 경우 투자금액 단위가 커 투자가 쉽지 않기 때문에 장외채권만 소개했습니다. 후순위 채권, 특판 채권 등 조건이 붙은 장외채권에 대해서도 설명을 생략하였으니, 전문적인 채권투자를 희망하시는 분은 따로 추가 공부를 하시길 추천합니다. (전환사채, 신주인수권부사채, 선순위, 중순위(메자닌), 후순위 등 다양한 종류와 유형의 채권이 존재합니다.)

안전자산 하면 바로 이것
'금'

    '금테크'라고 들어보셨나요? 금을 재테크 수단으로 활용하는 것입니다. 금은 과거에 달러나 원화와 같은 화폐 대신 전 세계적으로 화폐 역할을 했던 수단입니다. 금을 화폐수단으로 활용했던 것을 '금본위제도'라고 하지요. 지금은 폐지된 제도이지만 여전히 금의 화폐가치는 남아 있어 투자 수단으로 활용이 가능합니다.

    금의 특징은 경제위기가 오면 가격이 오른다는 것입니다. 경제위기가 오면 화폐가치가 떨어지고 현물가치가 오르기 때문에, 대표적인 현물인 금의 가격이 상승하는 것이지요. 2020년에도 코로나 이슈로 인해 금값이 꽤 상승했습니다. (연초에 5만 7천 원에서 7만 8천 원까지 오르기도 했습니다.) 금은 다른 투자들의 위험을 헷지(hedge)해주고, 손실을 만회해주는 차원에서 훌륭한 투자 대상이므로, 장기적으로 가져가시는 걸 추천합니다. 경제위기에 후행해서 상승하므로 경제가 안 좋다는 기사가 나올 때부터 투자를 시작하면 수익을 볼 수 있습니다. (많이 오른 상황에서는 오히려 큰 손실을 볼 수도 있으니 주의해야 합니다.)

금은 아래와 같이 6가지 방식으로 투자 가능합니다.

구분	은행	증권사			금 거래소 (온라인)	금 거래소 (오프라인)
	① 금 통장	② 금 펀드	③ 국내 금 ETF	④ 해외 금 ETF	⑤ KRX금시장*	⑥ 실물 매입
내용	금 현물 매입	금 관련 기업에 투자하는 펀드에 투자	국내시장에서 금 선물 투자	해외시장에서 금 선물 투자	금 현물 매입	금 현물 매입
투자 방법	은행 통장 개설 및 보유	증권사 계좌 개설 후 매수	증권사 계좌 개설 후 매수	증권사 계좌개설 후 달러 환전한 뒤, 미국 장 시간에 미국 시장에서 매수	증권사에서 'KRX 전용 금 현물 계좌' 개설 후 매수	금은방 방문 후 구입 및 집 금고에 보관
세금	배당소득세	배당소득세	배당소득세	양도소득세	비과세	비과세
현금 인출 가능여부 및 과세	10% 부가세 납부 후 가능	불가	불가	불가	10% 부가세 납부 후 가능	살 때 10% 부가세 부담
장점	0.01g 단위로 소액투자 가능	금 선물 및 관련 주식 등 분산투자	금값 하락폭이 적게 반영됨	금융 종합 소득세 비과세 (이자, 배당이 아닌 양도소득세로 분리과세)	계좌거래 차익 비과세	직접 금 소유
단점	은행 수수료 (매수시 1%, 매도시 1%) 발생	펀드매니저 역량에 따라 손익 차이 큼. 펀드수수료 존재	실제 금 가격추이를 제대로 반영하지 못해 괴리 존재	환율 하락으로 인한 환차손 발생 가능	최저 투자금액 단위가 금1g에 해당	유통수수료 (약 5%)

* KRX금시장 역시 사실상 증권사에서 전용 계좌를 개설해야 하므로 증권사를 통해야 합니다.

이 중 추천하고 싶은 방식은 바로 'KRX금시장'을 이용하는 것입니다. 다른 선택지에 비해 세금혜택이 존재한다는 장점과 더불어 매수와 매도가 시장을 통하기 때문에 쉽다는 특징이 있습니다. 최저 투자금액 단위가 1g에 해당해, 은행 골드뱅킹 최저 투자단위인 0.01g보다 크다는 단점이 존재하지만, 2020년 12월 기준 1g이 약 6만 5천 원인 점을 감안하면 그리 큰 단점은 아닌 듯합니다.

▼ 금현물계좌 개설 예시

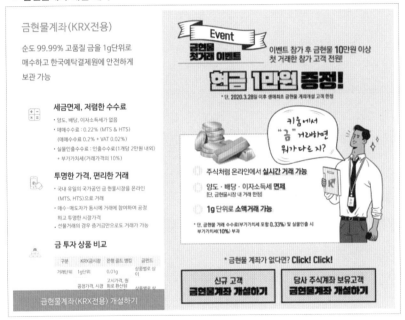

한편, 수수료는 증권사마다 모두 다르게 책정하고 있습니다. 수수료는 매매수수료(거래수수료)와 보관수수료로 구분됩니다. 2020년 7월 기준, 증권사마다 다음과 같이 수수료를 책정하고 있습니다.

증권사	개설방법	거래(매매)수수료	보관수수료	합계(연기준)
미래에셋대우	영업점 방문 / 유선(전화)	0.17%	0.00022% (일기준) 0.08% (연기준)	0.25%
NH나무	비대면(온라인)	0.22%		0.22%
유안타	비대면(온라인)	0.22%		0.22%
한국투자	비대면(온라인)	0.25%		0.25%
삼성	영업점 방문	0.28%		0.28%
신한	비대면(온라인)	0.28%		0.28%
KB	영업점 방문, HTS	0.33%		0.33%
하나대투증권	영업점 방문	0.33%		0.33%
대신증권	영업점 방문	0.33%		0.33%
키움증권	비대면(온라인)	0.33%	0.00022% (일기준) 0.08% (연기준)	0.41%

(2020년 7월 기준)

표의 내용을 확인하고 본인이 쓰고 있는 증권사에서 어떻게 계좌개설이 가능한지, 그리고 수수료 때문에 다른 증권사를 찾는다면 어떤 증권사가 유리한지 등을 따져보시면 좋을 것 같습니다. NH증권 나무를 기준으로 계좌개설 및 거래 방법을 알아보겠습니다.

먼저 앱 다운로드 후 금현물계좌(KRX전용)개설을 진행합니다.

'기타시장 〉 금현물 현재가'를 눌러 호가창, 차트 확인 후 매수, 매도를 진행합니다.

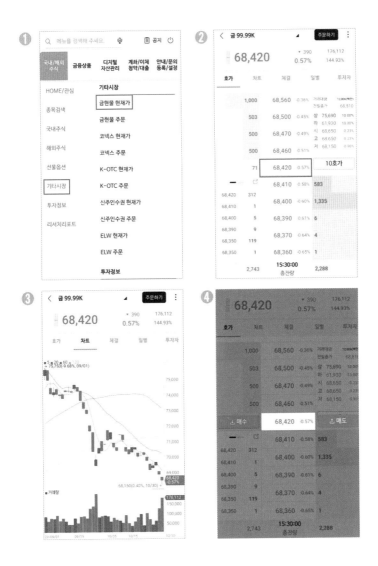

목돈이 모였다면?
상대적으로 덜 위험한 투자 수단에 관심 가져 봅시다

이번에 알려드린 외화예적금, 해외 월배당주, 채권, 금은 모두 상대적으로는 위험이 덜 한 투자 방법입니다. 물론 위험이 없다는 것은 아니지만, 다음에 말씀드릴 투자 수단들보다는 상대적으로 안전하다는 것이지요. 위험한 건 불안하지만 투자는 꼭 해보고 싶은 성향이라면, 그리고 어느 정도 목돈을 마련했다면! 한 번 도전해보세요!

- 지금 바로 달러, 위안화, 엔화 환율 확인해보기 ☐
- 해외 월배당주에 어떤 종목들이 있는지 검색해보기 ☐
- 증권사 사이트에서 판매 중인 채권을 구경하고 각 채권의 ☐
  신용등급 체크해보기
- 현재 금 시세가 어떤지 확인해보기 ☐
- 마련한 목돈으로 나만의 포트폴리오 구성해보기 ☐
- 아직 목돈이 없다면, 앞으로 마련할 목돈을 어떻게 ☐
  투자할지 미리 정해보기

항목	금액	비중
외화예적금	_____원	_____%
해외 월배당주	_____원	_____%
채권	_____원	_____%
금	_____원	_____%
총	_____원	100 %

CHAPTER 4

위험한 투자도 있다는데…, 부담스럽지만 뭔지 궁금해!

- 위험한 투자로 유명한 '비트코인'

- 상장하면 대박, 못하면 쪽박 '비상장주식'

- 제2의 삼성전자를 찾아서 '개발도상국주식'

- 'High risk, High return'이라는 말을 들어 보셨나요? ☐

- 주위에서 비트코인에 투자하는 분을 보신 적 있으세요? ☐

- 상장되지 않은 주식도 거래할 수 있다는 것, 알고 계셨나요? ☐

- BRICs라는 단어를 들어 보셨나요? ☐

💬 다음으로 소개해드릴 부분은 초고위험 투자입니다. '나는 잃어도 좋으니까 한 방을 노리겠어!'라고 생각하는 분들을 위한 챕터이며, 한순간에 큰 돈을 벌 수도 있지만 반대로 금새 목돈을 날릴 수도 있어 조심해야 합니다. 그렇기 때문에 사회초년생 분들에게는 가급적 추천드리지 않습니다. (그러므로 월 100만 원, 목돈 투자에 대한 금액 배분은 따로 말씀드리지 않겠습니다.)

만약, 하시려면 여유자금으로, 다 잃어도 되는 돈으로 하셔야 하고, 혹시라도 돈을 잃게 되면 더는 투자하시면 안 됩니다. 이점 꼭 숙지하신 뒤 투자하시길 바라며, 위험한 투자가 싫다고 생각하시는 분들은 읽지 않고 넘어가셔도 괜찮습니다. 다만, 읽어보시면 상식적으로도 많은 도움이 되실 거예요. 특히 비상장주식 부분은 연말정산에 도움이 되기도 하고, 개발도상국주식 부분은 과거 우리나라와 삼성전자 주식의 성장과정을 살펴볼 수도 있답니다.

위험한 투자로 유명한 '비트코인'

　비트코인으로 대표되는 코인 투자는 코인을 다루는 각종 거래소를 통해 투자할 수 있으며, 거래소마다 존재하는 코인 지갑을 통해 코인을 거래하고 이체할 수 있습니다. 쉽게 '거래소=은행, 코인 가격=환율, 코인지갑=계좌번호' 같은 개념이라고 보시면 됩니다. 코인 투자를 하는 사람들이 공통적으로 하는 말이 '시도 때도 없이 보게 된다'는 것과 '잠이 부족해진다'라는 것인데요. 코인은 시세의 변동성이 워낙 크기도 하고 24시간 거래소가 열려 있기 때문에 잠을 줄여가면서까지 시도 때도 없이 시세를 보게 만들기도 합니다. 여러분은 그렇게 되지 않으시길 바라면서 비트코인에 대해 알아보고 투자하는 방법과 투자 유의사항까지 살펴보도록 하겠습니다.

　비트코인은 온라인에서 사용되는 디지털 통화인 암호화폐의 대표적인 종류입니다. 실물화폐의 대표적인 종류가 달러인 것처럼요. 쉽게

'사이버머니'라고 생각하면 되는데요. 실제 돈은 아니지만, 현실에서 물건을 사거나 서비스를 이용할 수 있는 수단이 되니까 돈의 역할을 한다고 보면 됩니다. 게임포인트로 현실에서 물건을 산다고 생각하면 이해가 더 수월할 거예요.

그런데 다른 사이버머니와 다르게 비트코인은 실제 돈의 가치를 지니고 있습니다. 비트코인은 발행의 주체가 정해져 있지 않고, 소유와 사용이 자유로우면서 총 통화량이 정해져 있기 때문입니다. 비트코인의 성격을 하나씩 살펴보면 아래와 같습니다.

발행의 주체가 없다

일단 통화(달러, 엔화, 한화 등)는 중앙에 관리하는 기구가 돈을 찍어내고 거두어들이면서 유통량을 조절합니다. 한편 비트코인을 비롯한 가상화폐는 관리하는 기구도 없고, 돈도 누구나 찍어낼 수 있습니다. 성능 좋은 컴퓨터로 수학 문제를 풀면 대가로 비트코인을 얻는데, 이를 광산업에 빗대어 '채굴한다(mining)'고 표현합니다.

소유와 사용이 자유롭다

비트코인은 특정 개인이나 회사가 운영하는 것이 아니다 보니, 주인이 없어 소유가 자유롭습니다. P2P(Peer-to-Peer, 개인과 개인 간 거래를 중재)방식으로 작동하다 보니 여러 이용자의 컴퓨터에 분산되어 있지요. 비트코인용 계좌를 '지갑'이라고 표현하는데, 이 지갑도 신분증 검사 없이 자유롭게 만들 수 있습니다. 코인의 이체 및 사용도 자유롭고요.

총 통화량이 정해져 있다

창시자이자 고안자인 사토시 나카모토에 의해, 비트코인은 총 2,100만 개까지 채굴 가능하도록 정해져 있습니다. 누구도 소유하지 않는 돈의 수량이 정해져 있는 셈이지요. 그러다 보니 통화량을 마음대로 늘리거나 줄여서 화폐 가치를 뒤흔들기가 불가능합니다. 이러한 성격 때문에 사이버머니지만 화폐의 성격을 지니고 화폐로 통용될 수 있겠다는 생각들이 대중화되었다는 생각이 듭니다. (예컨대, 게임포인트는 운영하는 게임회사가 회수하거나 더 많이 풀어서 희소성을 떨어뜨리는 등의 방식으로 가치가 쉽게 흔들릴 수 있으니까요.)

비트코인은 이와 같은 세 가지 성격으로 인해 화폐의 기능을 가지고 있습니다. 세계 각국에서 하나씩 비트코인을 암호화폐로 인정하고 실물과 등가 교환이 가능하도록 하면서 점차 그 가치가 커지게 되었습니다. 다만, 채굴이 가능하고 채굴비용이 계속 늘어나는 특성으로 인해 비트코인의 개당 가치는 점점 증가하는 양상을 보이게 되었고, 그러다 보니 일반적인 실물화폐(달러, 원화, 위안화 등)에 비해 가격 변동성이 커지게 되었습니다. 결국, 하루 동안의 변동이 20~30%가량 급등락하는 경우가 잦아졌고, 점차 투기 대상으로 변하게 되었지요. 우측에서 보시는 바와 같이 비트코인의 변동률은 상당히 큰 편입니다. 주식 시장에 상장된 주식처럼 상한가, 하한가 개념이 없다 보니 폭락을 넘어 추락까지 가기도 합니다.

▼ 2019년부터 2020년 9월까지의 비트코인 시세 변동 : 단위 '주'

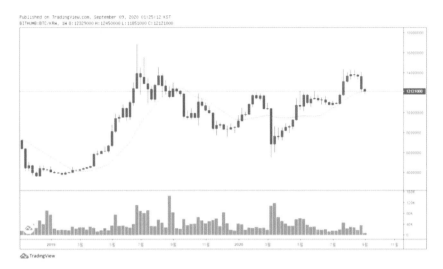

비트코인을 투자하기 위해서는 거래소를 이용해야 합니다. 한국에는
대표적으로 농협은행 계좌를 연동해 활용하는 빗썸과, 기업은행 계좌
를 연동해 활용하는 업비트가 있습니다. 해외는 바이낸스, 비트파이넥
스가 대표적이지요. 해외 거래소를 이용하려고 하더라도 한국 계좌를
근거로 한국 거래소에서 계좌(지갑)를 생성해 주소를 가지고 있어야 하
므로, 한국의 거래소에 들어가 가입을 하고 계좌를 만들어야 합니다. 방
법은 회원가입을 한 뒤 가상계좌를 발급받고, 인증 및 보안절차를 거쳐
승인을 받은 뒤에 거래하는 것입니다.

▼ 회원가입 + 가상계좌 발급 및 충전 + 인증 및 보안절차 (빗썸 기준)

한편, 비트코인이 화폐가치를 지니자, 스타트업들과 기업을 하는 사업가들이 코인을 통해 투자금을 모으고 기업을 공개(기업공개는 거래소 상장의 전 단계)하기도 합니다. 일반 주식시장에 상장하는 것을 IPO라고 한다면, 코인을 통해 기업을 공개하는 절차를 ICO라고 합니다.

• IPO: 'Initial Public Offering'의 약자로 기업을 공개하는 것. 회사의 주인을 공개적으로 모집하고 기업의 재무 내용을 공시해 한국 증권거래소에 상장하는 일련의 절차

- ICO: 'Initial Coin Offering'의 약자로, 신생 스타트업이 암호화폐를 통해 자금을 조달할 수 있는 크라우드펀딩의 한 방식

그리하여, ICO를 하게 되면 사람들은 마치 공모주 청약처럼 해당 코인을 사기 위해 돈(원화, 달러와 같은 현금)을 비트코인 혹은 이더리움(비트코인과 같은 암호화폐의 한 종류)으로 바꾼 뒤에 투자를 하게 됩니다.

- 공모주 청약: 청약 증거금 납입 후 청약에 당첨되는 경우 증거금 중 일부를 주식으로 반환받고 차액은 다시 돌려받는 절차를 거쳐 주식을 공개적으로 매수
- ICO 청약: 공모주 청약과 유사하게 현금을 납입하여 새로 발행될 신생 암호화폐를 교환받음 (증거금을 매수금액보다 많이 낸 뒤 차액을 돌려받는 절차는 없음)

거래소에 보면 비트코인 이외에도 알트코인, 리플, 스테이터스코인 등등 각종 코인들이 많은데요. ICO 절차를 통해 해당 거래소에 상장하게 되어 거래가 가능해진 코인들이라고 보시면 되겠습니다.

비트코인은 주식 투자의 경우와 마찬가지로 해당 코인의 기술력과 예상되는 미래가치를 확인한 뒤 신중을 기해 투자하셔야 하겠습니다.

코인거래이익과 세금

현재 코인거래로 인한 이득은 과세 대상이 아닙니다. 현재 우리나라 세법상 '화폐'의 가치 변동은 과세 대상이 아니기 때문인데요. 달러, 엔화 등 화폐 자체의 환율 변동으로 인해 발생하는 시세 차익은 비과세 대상입니다(금융상품 형태로 투자하는 경우는 과세). 달러를 사뒀다가 환전을 할 때 차익에 대해 세금을 떼지 않는 것은 이러한 이유 때문입니다. 다만, 2021년 10월부터는 코인거래로 인한 차익 역시도 '화폐'의 가치 변동이 아닌 '자산'의 증감으로 보아 20%의 기타소득을 과세한다고 하니, 사실상 암호화폐(코인)를 통한 비과세 수익 창출은 2021년 10월까지가 될 것으로 보입니다. 그래서 10월 전까지 크게 차익 실현이 일어나고, 그 뒤부터 당분간 한국시장은 조금 잠잠해지지 않을까 하는 생각이 듭니다. (반대로 저는 코인 투자자분들 세무 상담을 종종 하는데, 매우 바빠지게 될 것 같은 조짐이 드네요.)

상장하면 대박, 못하면 쪽박 '비상장주식'

비상장주식은 말 그대로 상장되지 않은 주식입니다. 상장되면 주식 가치가 크게 오를 것이라는 기대 심리를 토대로 투자하는 대상인데요. 앞서 상장을 다른 말로 '기업공개'라고 말씀드린 것처럼, 반대로 비상장주식은 투자, 공시 정보가 상당히 제한되어 있습니다. 기업 재무정보 또한 공개되지 않지요. 덧붙여, 넓은 매매가격 차이와 거래량 부족 등을 이유로 주식의 유동성이 낮아 투자자 입장에서 원하는 시점에 사고 팔기가 어렵습니다. 그만큼 위험성이 높은 것이지요. "옆집 친한 동생이 사업을 한다길래 얼마간 투자했는데, 그 동생이 알고 보니 스티브 잡스였다. 그래서 나는 앉아서 억만장자가 되었다"라는 이야기가 떠돌 정도로, 비상장주식은 회사가 커지고 상장이 되면 큰 수익을 안겨줄 수도 있는 투자 종목입니다.

한편, 비상장주식은 상장하지 못할 경우 결과적으로 거래가 되지 않아 회사가 이를 다시 헐값에라도 사주지 않는 한 전액을 날리는 것과 동일한 위험이 도사리고 있습니다. 따라서 투자를 원한다면 비상장주식 중에서도 가급적이면 정부 혜택을 받을 수 있는 종목에 투자하는 것을 추천합니다. 정부에서는 스타트업 및 벤처기업의 자본 확충을 위해 일정 기준을 충족한 기업들의 비상장주식 발행을 정책적으로 장려하고 있으며, 이에 대한 투자 역시도 세제 혜택을 통해 권장하고 있습니다.

연말정산에 반영되는 소득공제 항목 중 '중소기업투자조합공제(투자조합출자)'라는 항목이 존재하는데요. 일정 요건을 갖춘 기업의 비상장주식에 투자하게 되면 아래와 같이 해당 항목을 통해 공제 혜택을 받을 수 있습니다. (근거 법령 : 조특법 제16조)

▼ 근로소득 원천징수 영수증 상 공제해당 항목 표기

결국, 조특법16조에 의한 소득공제를 받을 수 있는 종목에 투자해 100% 소득공제를 받을 수 있는 비상장주식에 투자하는 것이 핵심입니다. (100% 소득공제는 여러분의 세전 월급이 만약 3,000만 원이고, 100만 원을 투자했다고 하면 100만 원에 대해 소득세 15%와 지방소득세 1.5%를 더한

금액인 16.5만 원을 돌려받는 것입니다. 16.5%의 수익률을 보장받고 투자를
시작하게 되는 것이지요.)

투자 대상 기업

「벤처기업육성에 관한 특별조치법」에 의한 벤처기업(또는 이에 준하는 창업 3년 이내 중소기업),
크라우드펀딩을 통해 투자하는 창업 7년 이내 기술우수 기업

투자 요건

출자일 또는 투자일로부터 3년 경과시까지 보유 (회수 혹은 양도, 환매시 세액 추징)

혜택 한도

3천만 원 이하 100% 소득공제, 5천만 원 이하 70% 소득공제, 5천만 원 초과 30% 소득공제
(소득공제는 출자 또는 투자일이 속하는 과세연도부터 2년이 되는 날이 속하는 과세연도까지의 기간 중
공제받고자 하는 하나의 과세연도를 선택, 종합소득금액의 50%한도로 공제받을 수 있음)

투자 제한

구분	요건	연간 투자한도	
		한 기업당 투자한도	전체 투자한도
일반투자자	만 19세 이상의 성인 누구나 (증빙불필요)	500만 원	1,000만 원
소득요건 구비투자자	근로소득 1억 원 초과 or 사업소득 1억 원 초과 or 금융소득 2천만 원 초과시	1,000만 원	2,000만 원
전문투자자	자본시장법상 전문투자자, 전문엔젤투자자, 투자형 프로젝트를 진행하는 해당 기업의 회계사, 감정인, 변호사 등	제한없음	제한없음

 그렇다면 어떻게 투자해야 할까요? '크라우드펀딩을 통해 창업 7년
이내 기술우수 기업'에 투자하는 방향으로 쉽게 접근할 수 있습니다. 대
표적인 투자 사이트는 '와디즈'라는 곳입니다. 사이트에 들어가 보면,
다음과 같이 '투자하기' 섹션이 있습니다. 여기를 들어가시면 투자받기
를 희망하는 기업들이 리스트업되어 있는데요. 왼쪽 상단에 '소득공제'
라고 적혀있는 기업을 클릭해서 투자를 진행하시면 됩니다.

클릭해보면, 증권발행 조건과 더불어 투자설명서, 감사받은 재무제표 등을 확인하실 수 있습니다.

비상장주식 정보를 담고 있는 앱과 사이트

▶ 증권플러스

비상장주식 거래 플
랫폼으로 앱으로도
출시되어 있습니다.

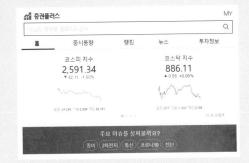

▼ 38커뮤니케이션

비상장주식만을 전문적으로 다루는 전통이 오래된 커뮤니티입니다.

제2의 삼성전자를 찾아서 '개발도상국주식'

우리나라가 개발도상국 시절을 거쳐 OECD에 가입하고 결국 선진국 반열에 들어온 것처럼, 아직 개발도상국임에도 장기적으로 선진국이 될 가능성이 있는 국가들이 존재합니다. 그런 국가들을 골라 굵직한 기업들의 주식에 투자하는 것이 이번에 다룰 내용입니다.

우측 자료에 의하면, 1990년부터 2018년까지 삼성전자 주식에 투자한 사람은 약 112배의 수익을 얻었을 것입니다. (코스피는 4.1배 올랐습니다.) 강남 아파트는 1990년 대비 17.6배 올랐고, 강북 아파트는 6.9배 올랐습니다. 한편, 1996년 말 우리나라가 OECD에 가입한 이래로도, 강남 아파트와 코스피가 4배가량 오른 반면 삼성전자는 25배나 올랐습니다.

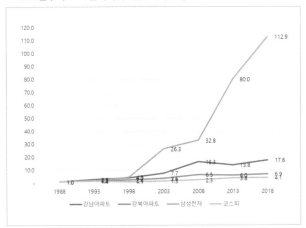

▼ 1990년부터 2018년까지의 자산 가격 변동

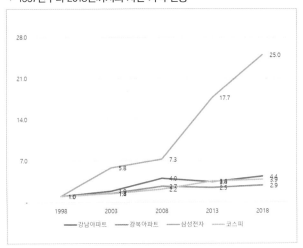

▼ 1997년부터 2018년까지의 자산 가격 변동

그렇다면, 삼성전자가 지금부터 앞으로 25배 혹은 112배 상승할 수 있을까요? 이미 덩치가 공룡처럼 커버렸기 때문에 불가능할 것입니다. 다음은 2020년 9월 기준 세계 기업들의 시가총액 순위를 정리한 것입니다. 보이는 바와 같이 삼성전자는 세계 시가총액순위 19위를 기록하고 있으며, 1위인 애플이 삼성전자보다 6.5배 정도 큽니다. 즉, 삼성전자가 지금보다 7배 더 커지면 세계 1위 기업이 되는 것이지요. 현실적으로 쉽지 않겠지요?

순위	국가	회사명	시가총액
1	미국	Apple Inc.	2460조 3435억 원
2	사우디 아라비아	Saudi Arabian Oil Co	2277조 1348억 원
3	미국	Amazon.com, Inc.	1959조 2681억 원
4	미국	Microsoft Corporation	1925조 4172억 원
5	미국	Alphabet Inc (=Google)	1278조 5699억 원
6	미국	Facebook Incorporation	956조 4620억 원
7	중국	Alibaba Group Holding Ltd	901조 8517억 원
8	중국	Tencent Holdings Limited	757조 9481억 원
9	미국	Berkshire Hathaway Inc. (워렌버핏Warren Buffett 회사)	622조 485억 원
10	미국	Visa Incorporation	517조 5165억 원
19	한국	Samsung Electronics Company Limited	376조 5698억 원

이를 다른 말로 하면, 삼성전자 같은 대기업이 세계기업으로 자리잡고 있는 국가에 대한 투자로는 몇십 배 혹은 몇백 배의 수익을 얻기가 사실상 불가능하다는 것입니다.

그렇다면, 삼성전자처럼 엄청난 성장을 거쳐 세계적인 기업으로 자리잡을 만한 기업을 찾아, 미리 투자할 수 있다면 어떨까요? 삼성전자가 7배 오를 확률보다는 더 크지 않을까요? 물론 회사가 망하거나 사라지거나 횡령 등을 이유로 문제에 휩싸일 가능성도 크겠지만요.

현재 개발도상국 위치에 있으면서 향후 OECD에 진입해 선진국 반열에 오를 가능성이 있는 국가에 투자하면, 어쩌면 삼성전자가 112배나 상승한 것처럼 수혜를 얻을 수도 있을 것입니다. 그런 국가들의 대표 기업들에 투자하는 전략이 바로 개발도상국 주식투자입니다.

그렇다면, 실제로 어떤 국가들에 투자하면 좋을까요? 국가 및 기업의 성장에는 여러 요인이 작용하겠지만, 크게 인구(내수시장의 존재 및 내수를 통한 기업 발전)와 자원(원자재 자체 수급), 국민성(성장에 대한 갈망등)이 중요하게 작용합니다. 실제적으로는 BRICs(브릭스) 국가들이 여기에 해당할 텐데요. 브라질, 러시아, 인도, 중국이 여기에 속합니다. 다만 중국은 이미 급성장을 겪고 올라온 국가이고, 브라질은 통화 및 정치 이슈가 있습니다. 그리하여 러시아, 인도가 이 중에는 주목할 만한 국가이며 저는 여기에 베트남을 추가해서 함께 보는 편입니다. 베트남은 '포스트 차이나'라고 할 만큼 차세대 중국이 될 가능성이 유망하다고 판단되기 때문입니다. (BRICs는 2010년 12월에 남아프리카공화국이 공식 회원국으로 가입하면서 BRIC 'S'가 되었으나 여기서는 크게 다루지 아니함)

- 인도: 엄청난 인구수를 통해 인력 수급 및 내수시장 자체 활성화 가능 (인구가 13억 8천으로 세계 2위이나, 카스트제도로 인해 수드라 계급은 인구에 포함되어 있지 않아 실상은 중국 인구 14억 4천을 이미 넘었을 것이라는 풍문이 존재함)
- 러시아: 영토가 넓고 자원이 풍부해 원자재 수급이 용이 (면적이 17억 982만 헥타르로 세계 1위)

• 베트남: 캄보디아 등 인근 타 국가들에 비해 국민성이 우수하며 국가의 발전지향 성향이 높음 (미국과의 전쟁에서 승리하는 등 끈질긴 국민성을 보유)

▼ 인도, 러시아, 베트남의 시가총액 상위 10개 기업

구분	인도			러시아			베트남		
	기업명	종목 코드	시가 총액 (원)	기업명	종목 코드	시가 총액 (원)	기업명	종목 코드	시가 총액 (원)
1	Tata Consultancy Servises	TCS	123조	Sberbank Rossii	SBER	75조	Vingroup	VIC	15조
2	Reliance Industries	RELI	117조	Gazprom PAO	GAZP	66조	Vietcombank	VCB	12조
3	HDFC Bank	HDBK	100조	NK Rosneft	ROSN	62조	Vinhomes	VHM	10조
4	Hindustan Unilever	HLL	76조	Novatek	NVTK	51조	Vinamilk	VNM	8.4조
5	Housing Development Finance Corp.	HDFC	58조	Lukoil	LKOH	49조	BIDV	BID	7.0조
6	Kotak Mahindra Bank	KTKM	50조	MMC Norilsk Nickel	GMKN	48조	PV Gas	GAS	5.7조
7	Infosys	INFY	49조	Polyus	PLZL	36조	Sabeco	SAB	4.3조
8	ICICI Bank	ICBK	49조	Yandex	YNDX	25조	Vietinbank	CTG	3.6조
9	Bharti Airtel	BRTI	45조	Surgutneftegas	SNGS	19조	Masan Group	MSN	3.0조
10	Bajaj Finance	BJFN	40조	Tatneft	TATN	19조	Techome Bank	TCB	2.9조

한편, 인도 및 러시아는 주식시장이 개방되어 있지 않아 외국인 투자가 상당수 제한되어 있습니다. 현지 은행에 방문해 계좌를 개설하는 절차를 거쳐야 하지요. 우리나라 자본시장이 개방되지 않았던 상황과 유사하게, 외국인들의 투자 유입에 대해 상당히 부정적입니다. 그러나 글

로벌 기업들이 다수 진출해 있어 해당 국가에 상장되어 있고, 일부는 미국에 상장되어 있기 때문에 투자가 불가능한 것은 아닙니다.

러시아 (해외 상장 내용 포함)						
기업명	업종	종목코드		시가 총액(원)	상장	
Sberbank Rossii	금융	SBER	SBER	75조	Moscow	영국(런던)
Gazprom PAO	석유가스	GAZP	GAZ	66조	Moscow	독일(제트라)
NK Rosneft	석유가스	ROSN	–	62조	Moscow	–
Novatek	석유가스	NVTK	NVTK	51조	Moscow	영국(런던)
Lukoil	석유가스	LKOH	LKOH	49조	Moscow	영국(런던)
MMC Norilsk Nickel	비철금속 제련	GMKN	NNIC	48조	Moscow	독일(베를린)
Polyus	금 생산	PLZL	PLZB	36조	Moscow	영국(런던)
Yandex	인터넷 포털	YNDX	YNDX	25조	Moscow	미국(나스닥)
Surgutneftegas	석유가스	SNGS	–	19조	Moscow	–
Tatneft	석유가스	TATN	ATAD	19조	Moscow	영국(런던)
X5 Retail Group	도/소매	FIVEDR	–	16.9조	Moscow	–
Magnit	도/소매	MGNT	–	14.7조	Moscow	–

Yandex의 경우 미국 나스닥에 상장되어 있으며, 나머지 기업들은 ROSN과 SNGS를 제외하고는 영국과 독일에 상장되어 있습니다. 업종 대부분이 석유가스, 비철금속 혹은 금속과 같은 원자재 위주이며, 도/소매를 다루는 기업들은 10위권 밖으로 밀려나 있습니다. (해외 상장 또한 되어 있지 않습니다.)

인도 (해외 상장 내용 포함)						
기업명	업종	종목코드		시가총액 (원)	상장	
Tata Consultancy Servises	IT	TCS	–	123조	NSE, BSE	–
Reliance Industries	에너지	RELI	–	117조	NSE	–
HDFC Bank	금융	HDBK	HDB	100조	NSE, BSE	미국(뉴욕)
Hindustan Unilever	도/소매	HLL	–	76조	NSE, BSE	–
Housing Development Finance Corp.	금융	HDFC	–	58조	NSE, BSE	–
Kotak Mahindra Bank	금융	KTKM	–	50조	NSE, BSE	–
Infosys	소프트웨어	INFY	INFY	49조	NSE, BSE	미국(뉴욕)
ICICI Bank	금융	ICBK	IBN	49조	NSE	미국(뉴욕)
Bharti Airtel	통신업	BRTI	–	45조	NSE, BSE	–
Bajaj Finance	금융	BJFN	–	40조	NSE	–

인도의 경우에는 상장되어 거래가 가능한 기업이 몇 개 되지 않습니다. 뉴욕증권거래소에 상장된 HDB, INFY, IBN뿐이지요. 향후에 상장이 된다면 주목할 만한 기업들이 대거 존재하니, 지속적인 관심을 가지는 것도 좋을 듯합니다.

한편, 베트남 기업들은 모두 자유롭게 거래가 가능합니다. 시가총액 상위 10개 기업 중 마음에 드는 종목을 분석해 투자하시면 되겠습니다.

그리하여, 위의 파란색 박스 표시가 된 러시아, 인도의 기업들과 베트남 기업들은 해당 TICKER를 종목코드로 검색해 투자가 가능합니다.

삼성증권을 기준으로, 해외주식 종목 찾기에서 해당 TICKER를 종목코드로 검색해 호가창, 차트 및 기업정보를 확인할 수 있습니다.

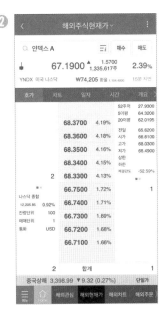

이렇게 해당 종목들을 검색한 뒤 투자할 수 있습니다. 참고로, 투자를 위해서는 증권사 영업시간 내(9시~16시)에 환전을 마친 뒤, 해당 장 시간에 투자해야 합니다. 환전은 아래와 같이 가능합니다.

빨간 박스를 눌러 환전 화면으로 이동하면 원하는 통화로 환전할 수 있으며, 정규 환전은 9시~16시 이내에 완료해야 합니다. 한편, 베트남 및 대만 통화의 경우에는 달러로의 환전과 더불어 2차 환전을 거치게 됩니다.

환전을 마치면 해당 장 시간에 한국 주식을 투자하듯 직접 투자를 하면 되는데요. 미국증시 개장시간은 한국시간 23:30~06:00입니다(서머타임 적용 시 1시간씩 앞당겨짐). 영국과 독일 증시 개장시간은 한국시간

17:00~01:30입니다(서머타임 적용 시 1시간씩 앞당겨짐). 베트남 증시 개장시간은 11:00~13:30, 15:00~16:45입니다(중간에 쉬는 타임이 있는 게 특징). 참고로 한국 증시 개장시간은 09:00~15:30입니다. 해당 시간에 한국 증시에 투자하듯 현지 통화로 매수, 매도를 하면 됩니다.

TO DO LIST

'High risk, High return!'

위험이 높을수록 수익도 높다는 뜻입니다. 이 문장에서 우리가 주목해야 할 부분은 'High return'이 아닌 'High risk'입니다. 일반적으로 'High return'만 바라보고 무작정 고위험 투자 수단에 투자하는 것은 매우 어리석은 행동입니다. 순식간에 목돈을 모두 날릴 수도 있기 때문이지요. 내가 감당할 수 있는 risk의 정도가 어느 정도인지 생각해보고, 신중하게 판단한 후 투자에 접근하시기 바랍니다.

CHAPTER 5

나도 집이 가지고 싶어!

- 로또만큼 기분 좋은 당첨 '주택청약'

- 2~3천만 원으로 내 집 마련하는 2030 부동산 경매 맛보기

──────── **CHECK LIST** ────────

- 내 집 마련의 꿈을 가지고 계신가요?　　　　　　　　☐

- 주택청약 통장을 가지고 있고, 월마다 납입하고 계신가요?　☐

- 주택청약에 도전해본 적 있으신가요?　　　　　　　　☐

- 부동산경매에 대해 들어본 적 있으신가요?　　　　　☐

(💬) 재테크 목표에 빠지지 않고 등장하는 것 중 하나가 바로 '집'인데요. 여러분도 여러분 소유의 집에 대해 한 번쯤 생각해보셨을 거라 생각합니다. 예쁜 집을 원하는 대로 꾸미는 것은 생각만 해도 즐겁지요. 여기서는 '로또만큼 기분 좋은 당첨 주택청약', '2~3천만 원으로 내 집 마련하는 2030 부동산 경매 맛보기' 순서로 말씀드릴 예정입니다. 부동산, 특히 주택에 대한 부분은 살면서 빠질 수 없는 3가지인 '의, 식, 주'에서 '주'에 속하는 항목이다 보니 어렵더라도 꼭 읽어보고 여러분의 지식으로 습득하시기를 바랍니다. (부동산은 살면서 언젠가는 알아야 하는 내용이니까요.)

로또만큼 기분 좋은 당첨 '주택청약'

"청약에 당첨되면 돈을 엄청 많이 번다고 하던데?"라는 말을 들어보신 경험이 있으실 것 같습니다. 이제 막 사회생활을 시작했다면 처음 듣는 얘기일 수도 있지만, 여러분의 선배들은 눈에 불을 켜고 청약 당첨을 노리며 어떤 아파트가 당첨되었을 때 가장 시세차익이 클지를 분석하고 있습니다. 왜 주택청약을 통해 돈을 벌 수 있는지를 먼저 살펴보겠습니다.

A지역과 B지역이 있습니다. A지역은 예전부터 달동네로 유명했고, B지역은 예전에 계획도시로 지어졌지만 오래되어 건물들이 낡은 상황입니다. A지역과 B지역은 모두 재정비가 필요한데, 재정비를 하게 되면 기존에 있던 주택들이 철거되고, 아파트나 공원 등이 지어지게 됩니다.

땅도 낡고 건물도 낡아 도로와 지반정리부터 개발이 되어야 하는 A지역을 재정비하는 것을 '재개발'이라고 하고, 땅은 멀쩡하지만 건물이 낡아 건물을 다시 건축해야 하는 B지역을 재정비하는 것을 '재건축'이라고 합니다.

재개발, 재건축으로 인해 새로운 아파트가 지어지게 되면, 기존에 A지역과 B지역에 살고 있던 건물 소유주들이 조합을 설립해 조합원이 됩니다. 조합원이 되면 새로 재정비된 지역의 아파트에 입주할 수 있는 권리를 얻을 수 있게 되고, 이것을 '(조합원) 입주권'이라고 표현합니다.

한편, 아파트가 들어서면 기존보다 해당 지역에 살 수 있는 사람 수가 늘어나겠지요? (아파트가 고층이고 세대수도 많으니까요.) 그러면 기존에 살던 사람들, 즉 조합원들에게 입주권을 다 주고도 세대가 남습니다. 이걸 사람들에게 주택청약이라는 절차를 거쳐 분양하게 됩니다. 그렇게 해서 청약에 당첨되면 '분양권'을 획득하게 되는 것이고요.

그런데 입주권은 이미 시세가 반영되어 금액이 올라 있는 반면, 분양가는 분양 당시 정해지는 금액이다 보니 차이가 납니다. 예를 들면, 분양가가 5.6억인데 입주권은 실제로 8.9억에 거래되는 아파트도 있고, 분양가가 6.5억인데 입주권은 11.5억에 거래되는 아파트도 있습니다. 앞의 아파트는 청약에 당첨되어 분양권을 획득하면 3.3억의 시세차익을 보고, 뒤의 아파트는 5억의 시세차익을 얻게 되겠네요. 한편, 분양가가 7억인데 입주권은 10억에 거래되고, 재정비 지역 바로 인근에 있는 비슷한 아파트의 실제 거래가격이 12억인 경우에는 입주권 보유자는 2억을, 분양권 보유자는 5억을 각각 차익으로 얻게 됩니다. 이런 시세의 차이가 존재하다 보니 너도나도 분양권 및 입주권 투자에 혈안이 되어 있는 것이지요. (분양가 자체가 크다 보니 여러분에게 당장은 와닿지 않을 수도 있습니다. 그런데 실제로 3040세대 사이에서는 주택청약과 분양권, 입주권 투자가 활발히 이루어지고 있고, 이러한 방식으로 돈을 번 사람들이 수두룩합니다.)

주택청약을 하는 방법은 간단합니다. 방법에 대해 먼저 설명하고, 당첨 조건과 기준에 대해 이어서 말씀드리겠습니다.

주택청약 통장 만들기

위에서 설명한 아파트들에 '청약'을 넣어 '당첨'되기 위해서는 청약의 제1조건인 '청약 통장'이 있어야 합니다. 통장은 크게 '주택청약종합저축, 청약저축, 청약예금, 청약부금'으로 4가지가 있는데, 현재는 '주택청약종합저축' 하나만 가입이 가능합니다. (나머지는 2015년 9월 1일부로 신규가입이 중단되었습니다.)

가입은 주거래은행 어플을 열어 '상품 〉 주택 〉 청약통장' 순으로 눌러 가입을 진행하면 됩니다. 신분증만 있으면 비대면으로 손쉽게 가입할 수 있습니다.

청약 일정 확인 및 청약하기

주택청약 통장이 있으면 주택청약을 할 수 있습니다(가입 기간 및 불입 금액, 총 잔액 요건이 존재함). 한국감정원에서 운영하는 '청약홈 (http://applyhome.co.kr)' 사이트에 접속하면, 일정 및 자격요건 확인과 더불어 청약 신청이 가능합니다.

▼ **청약홈 사이트 메인 화면 (청약 일정과 자격확인, 청약 신청이 가능)**

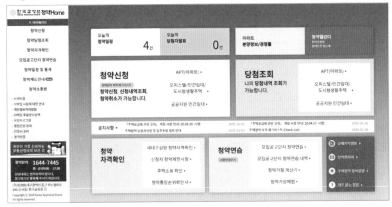

　　청약홈 사이트에서는 월별 청약 일정과 지난 청약에 대한 분양결과, 경쟁률을 확인할 수 있는데요. 청약을 희망하는 주택이 있으면 위 화면에서 '청약 신청' 버튼을 눌러 다음과 같이 진행하시면 됩니다. (공인인증서가 필요하며, 오전 8시부터 오후 5시 반 사이에만 가능하니 유의해주세요!) '청약 연습' 버튼을 통해 모의 청약도 가능하니 참고해서 활용해보세요.

▼ **1, 2순위 공급 청약 신청 화면**

▼ 특별공급 청약 신청 화면

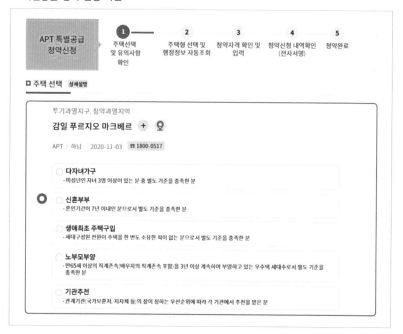

한편, 청약 통장이 청약 요건에 맞지 않는 경우 '청약 제한 사항'이 존재한다는 안내문구와 함께 청약이 진행되지 않습니다. 청약하려고 하는 해당 아파트가 민영주택인지, 국민주택인지에 따라 요건이 나뉘는데요. 주택청약을 위해 필요한 정보를 살펴보도록 하겠습니다.

청약을 하기 위해서는 대전제로, 청약통장이 반드시 필요합니다. 다만 조건이 붙는데요. 국민주택을 제한 없이 청약하기 위해서는 청약 통장 가입 후 2년이 경과해야 하고, 24회 이상 월 납입금을 연체 없이 납입해야 합니다. 한편, 민영주택은 여기에 지역별 예치금액 조건 또한 충족되어야 하는데요. 일정 예치금액 이상을 통장에 넣어두어야 합니다.

한편, 국민주택은 가점제나 예치필수금액이 존재하지 않고 면적에 따라 청약 통장만을 가지고 판단하지만, 민영주택은 지역별로 예치필수금액이 다르게 존재하며 가점제와 추첨제로 구분되어 있습니다. 가점제의 경우에는 무주택기간, 부양가족 수, 저축 가입 기간을 봅니다. 가점제의 경우 2030세대가 실질적으로 당첨되기는 불가능에 가깝기에 추첨제를 권장하는 편이며, 대신 특별공급으로 분류된 '생애최초 주택구입'과 '신혼부부특별공급'의 활용을 추천하는 편입니다.

▼ 아파트 유형과 특징

구분			분양주체	규모*	특징
아파트	민영주택	민간분양	민간사업자 (삼성물산, GS건설 등)	제한 없음	필수예치금액 존재 추첨제&가점제 공존(면적별상이)
	국민주택	공공분양	한국토지주택공사(LH), 서울주택도시공사(SH) 등	전용 85m² 이하	청약통장 납입횟수, 저축액 고려
		공공임대		전용 85m² 이하	5년 or 10년 임대 후 분양전환
		국민임대		전용 60m² 이하	임대기간 30년, 분양전환 불가
		영구임대		전용 40m² 이하	임대기간 50년, 분양전환 불가

일반공급 : 청약 통장 요건에 따라 1순위, 2순위로 구분하여 청약 진행 (가입 후 경과 기간 등 요건 존재)

특별공급 : 신혼부부, 생애최초 주택구입, 다자녀가구 등 정책적 배려 필요한 사회계층만을 대상으로 공급

▼ 국민주택과 민영주택의 청약 조건

구분	국민주택		민영주택	
전용면적	40m²이하	40m²초과	85m²이하	85m²초과
당첨기준	납입횟수 많은 순	저축 총액 많은 순	가점제 75% 이상	추첨제 50% 이상

* 국민주택은 '3년 이상 무주택세대구성원' 조건 충족 필요

** 납입횟수의 경우 만 19세 미만은 24회까지만 인정되며, 저축 총액은 1회 납입당 10만 원까지만 인정

▼ 민영주택 가점제

무주택기간	만 30세 미만 미혼자	0점	15년 이상	32점
부양가족 수	0명	5점	6명 이상	35점
저축 가입 기간	6개월 미만	1점	15년 이상	17점
합계	최소점 계	6점	최대점 계	84점

▼ 민영주택 예치필수금액 (단위:원)

구분	85m² 이하	102m² 이하	135m² 이하	모든 면적
서울/부산	3,000,000	6,000,000	10,000,000	15,000,000
기타광역시	2,500,000	4,000,000	7,000,000	10,000,000
기타 시/군	2,000,000	3,000,000	4,000,000	5,000,000

정리하면, 국민주택을 노릴 생각이라면 매월 10만 원씩 꾸준히 최대한 오래 불입하면 되고, 민영주택을 노릴 생각이라면 2년 이상 불입한 청약 통장에 600만 원(추첨제 50% 이상인 102m² 이하에 청약이 가능한 금액이자, 생애 첫 주택 구입을 위해 필요한 필수 예치금 기준에 해당) 이상을 넣어두고 추첨제 위주로 진행하면 되겠습니다.

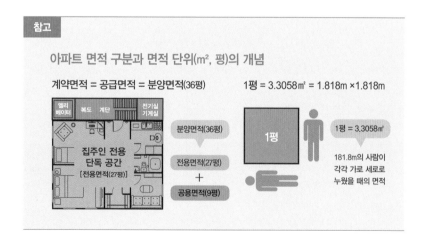

참고

아파트 면적 구분과 면적 단위(m², 평)의 개념

계약면적 = 공급면적 = 분양면적(36평)   1평 = 3.3058m² = 1.818m × 1.818m

분양면적(36평)

전용면적(27평)
+
공용면적(9평)

1평 = 3.3058m²

181.8m의 사람이 각각 가로 세로로 누웠을 때의 면적

2~3천만 원으로 내 집 마련하는 2030 부동산 경매 맛보기

청약 내용을 보니 어떠신가요? 어렵지요? 부동산은 확실히 용어도 낯설고, 진입 장벽도 높다 보니 어렵게 느껴질 만한 부분이 많습니다. 그래도 청약은 아직 지어지지 않은 아파트에서 살 수 있는 권리를 미리 신청하는 제도이다 보니 알아야 할 내용이 일반 부동산에 비해 덜한 편이랍니다.

청약은 아무래도 당첨되어야만 내 집 마련이 가능한 확률 게임이다 보니, 좀 더 확실한 방법을 원하실 수도 있는데요. 청약 대신 기존에 지어진 아파트나 오피스텔, 원룸과 빌라(투룸, 쓰리룸 등)를 사는 방법도 있답니다. 청약만큼은 아니지만, 집값 상승으로 인한 시세 차익도 볼 수 있고, 청약처럼 발표자 명단에 여러분이 있기를 바라면서 조마조마하며 발표를 기다리지 않아도 된다는 장점이 있지요.

하지만 이렇게 말씀드리면 돌아오는 반응이 크게 세 가지입니다. "부동산을 할 만한 돈이 없어요", "부동산을 사려면 집주인을 만나거나 공인중개사를 찾아가야 하는데 부담스러워요", "관심은 있는데 어디서부터 시작해야 할지 모르겠고, 뭐가 좋은 건지 나쁜 건지도 모르겠어요."

그래서 여기서는 위의 딱 세 가지에 대한 편견을 깨드리는 정도로 부동산을 쉽게 알려드려 보려고 합니다. 부동산에 입문하기 제일 좋은 방법이 바로 '부동산 경매'거든요.

- '부동산에 투자할 돈이 없다'→ 경매는 최저가의 10%만 있으면 입찰(투자)이 가능합니다.
- '누군가를 만나는 것이 부담스럽다'→ 온라인으로 거의 모든 정보에 접근이 가능합니다. 만나지 않아도 됩니다.
- '어디서부터 시작해야 할지 모르겠다' → 경매는 날짜와 예정물건이 정해져 있습니다. 그중에 괜찮아 보이는 걸 골라서 확인하고 투자하면 됩니다.

아래에서 천천히 하나씩 함께 알아볼게요.

부동산, 어디서부터 시작하지? 일단 뭐가 있는지 살펴보자!

우선, 네이버 경매에 접속해봅시다. (http://goodauction.land.naver.com/)

들어가 보면, 어떤 물건이 언제 경매가 실행될 것인지 나와 있습니다. 이 중 괜찮아 보이는 물건을 눌러 확인 후 투자를 하면 되는데요. 경기도에 있는 아파트를 조회해보니 부천, 평택, 시흥에 있는 아파트들의 목록이 나오네요. 가격은 현재 최저가를 기준으로 부천은 1천, 평택은

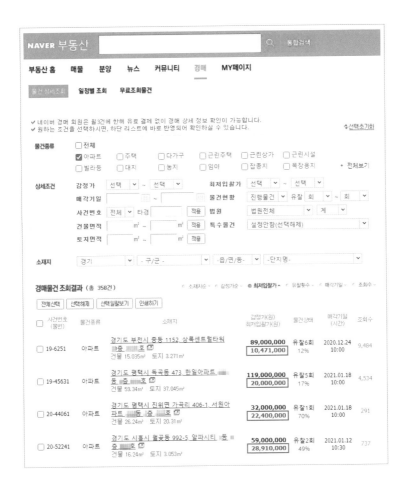

2천, 시흥은 3천 정도 하는 것을 볼 수 있습니다. 경매에 참여하려면 여기의 10%에 해당하는 1백, 2백, 3백만 원의 돈만 있으면 가능하답니다. 생각보다 비싸지 않지요?

위 화면을 기준으로 경매 용어를 정리해서 살펴보면 다음과 같습니다.

용도(물건종류)	경매 물건의 부동산 유형
매각기일	경매가 언제 진행될 것인지 정해놓은 것 (해당 물건이 위치한 지방법원 경매계에서 실시합니다)
입찰과 낙찰	입찰 = 경매에 참여하기 위해 구매 희망 가격을 적어내는 것 낙찰 = 경매에 참여해 최고가를 적어내 1등이 되는 것
유찰	아무도 경매에 참여하지 않아 더 낮은 금액을 최저가로 경매를 진행 신건 1억(100%) =〉유찰 1회 8천(80%) =〉유찰 2회 6.4천(64%) 혹은 신건 1억(100%) =〉유찰 1회 7천(70%) =〉유찰 2회 4.9천(49%)로 진행 → **20% 혹은 30%씩 최저가가 전회차 대비 낮아지게 됩니다.**
감정가	법원에서 해당 물건에 대해 평가한 금액 **→ 감정평가사를 통해 감정을 맡겨 평가한 금액으로, '감정평가서'를 통해 확인 가능**
최저가	경매 시작 금액. 무조건 이 금액보다는 높게 불러야 하고, 제일 높게 부른 사람이 1등을 하게 됨. *여기서 금액을 부른다는 말과 가격을 적어낸다는 말은 같은 의미입니다.
입찰보증금	금액을 부르기 위해 법원에 내야 하는 금액 (보증금 성격이라 1등을 하지 못하면 다시 돌려줌) **→ 보통 최저가의 10%~30% 금액에 해당합니다.**
낙찰가	제일 높게 부른 금액(1등이 부른 금액)

처음 보는 단어들이다 보니 생소해서 낯설고 어렵게 느껴질 수 있는 데요. 포인트는 최저가의 10%에 해당하는 입찰보증금만 현금으로 있으면 경매에 참여할 수 있다는 점입니다. 1등 금액을 적어내 낙찰이 되면, 나머지 금액은 낙찰이 된 뒤 50일 정도 안에 대출 등을 통해 마련하면 됩니다. (경매 물건 대출은 일반 매매보다 유리한 점이 존재해 이를 활용하면, 일부 물건의 경우에는 보증금을 제외한 나머지 90%를 전액 대출받아 마련할 수도 있답니다.)

돈이 없어도 투자할 수 있다고?

통장에 든 돈이 천만 원이 안 되는데 아파트를 장만해 살 수 있는 사례 하나를 말씀드려볼게요. 화성에 위치한 아파트 사례로, 8천만 원가량이 최저가로 잡혀있고, 보증금은 10%인 800만 원 정도에 해당합니다. 앞서 본 물건리스트를 누르면 아래와 같이 해당 부동산에 대한 정보를 보실 수 있습니다.

사건번호	수원지방법원 2019 타경 OOOOO	매각기일	2020-06-OO
소재지	경기 화성시 장안면 사곡리 170 산호아파트 OOO동 11층 OOOO호		
경매구분	임의경매	채권자	국OOO
용도	아파트	채무/소유자	권OO/권OO
감정가	113,000,000 (2019-10-04)	유찰 횟수	1회
최저가	79,100,000 (70%)	토지면적	41.7m² (12.6평)
입찰보증금	7,910,000 (10%)	건물면적	60m² (18.1평) [24평형]

2019 타경 OOOOO, 경기 화성시 장안면, 산호아파트 OOO동 11층

1996년에 지어진 이 아파트는 산호아파트라는 이름을 가지고 있으며, 방이 3개로 이루어져 있습니다. 이미 6월에 경매가 이뤄져 최저가 79,100,000원보다 7천 원을 더 적어낸 79,107,000원에 낙찰이 된 사례인데요. 법원에서는 113,000,000원의 값어치를 한다고 했는데, 한번 유찰이 되어서 최저가 79,100,000원이 되었고, 1등을 한 사람은

79,107,000원에 살 수 있게 되었습니다. 여러분이 만약 79,200,000원을 적어냈다면 여러분이 1등을 했을 거예요!

용도	경매 물건의 부동산 유형	24평형 아파트
건축년도	건물이 언제 지어졌는지	1996년식
감정가	법원에서 해당 물건에 대해 평가한 금액 (감정평가사를 통해 감정을 맡겨 평가한 금액으로, '감정평가서'를 통해 산출 근거 확인 가능)	113,000,000원
최저가	경매 시작 금액. 무조건 이 금액보다는 높게 불러야 하고, 제일 높게 부른 사람이 1등을 하게 됨	79,100,000원 (70%)
입찰보증금	금액을 부르기 위해 법원에 내야 하는 금액 (보증금 성격이라 1등을 하지 못하면 다시 돌려줌)	7,910,000원 (10%)
낙찰가	제일 높게 부른 금액(1등이 부른 금액)	79,107,000원

경매에서 79,107,000원을 적어내어 이 아파트를 산 사람은, 경매에 참여하기 위해 입찰보증금 7,910,000원을 은행에서 수표로 찾아 법원에 제출했을 것입니다. 만약 1등이 아니라 2등, 3등이 되었다면 경매를 집행하는 법원에서는 보증금 7,910,000원을 다시 돌려주었겠지만, 1등이 되었기 때문에 오히려 71,197,000원(79,107,000원 - 7,910,000원)을 추가로 법원에 내야 하는 상황이 된 것이지요.

1등 가격을 써서 당첨되었다(=입찰가를 1등으로 적어내 낙찰이 되었다)는 것은 적어낸 가격대로 아파트를 사겠다는 것과 같습니다. 따라서 미리 낸 보증금을 제외한 나머지 금액까지 합하여 총 79,107,000원을 실제로 법원에 내야 이 아파트를 소유할 수 있게 됩니다. 그런데, 화성시 장안면은 낙찰시점 기준 조정대상지역 외 지역이라 대출 규제가 없어 80%까지 대출을 받을 수 있습니다. 한편, 대출은 감정가와 낙찰가 중 큰 금액을 기준으로 나오기 때문에 이 아파트는 90,400,000원 (113,000,000원×80%)까지 대출받을 수 있습니다. 그럼 결국 추가로 내야 하는 돈인 71,197,000원은 대출을 통해 전부 낼 수 있게 되므로 자기 돈 7,910,000원만 가지고 해당 아파트를 살 수 있게 되는 것이지요. (참고로, 산호아파트는 지금 1억을 호가한답니다. 경매로 대출을 많이 받을 뿐만 아니라 시세보다 저렴하게 살 수 있게 된 것이죠. 정말 매력적이죠?)

보시는 것처럼, 경매는 적은 금액으로도 투자가 가능합니다. 억 단위의 돈이 들어가는 것도 아니고, 보증금 자체는 몇백만 원으로도 가능한 물건들이 수두룩합니다. 여러분들이 5천만 원, 1억 원은 없을 수 있어도 5백만 원, 1천만 원은 앞서 말씀드린 저축과 투자 방법을 통해 마련하실 수 있으니 충분히 투자할 만하지요?

발품 안 팔아도 되고 사람 안 만나도 된다고?

앞서 제가 표로 감정가를 설명드릴 때, 법원에서 평가한 금액이라고 말씀드렸는데요. 그 내용이 '감정평가서'에 실려있습니다. 감정평가서는 법원에서 경매로 나온 부동산가격은 얼마인지, 어떻게 평가했는지에 대한 전반 사항을 감정평가사에게 조사하라고 명령하여 받은 평가 내역서입니다. 감정평가서에는 해당 부동산의 추정 가격과 더불어 가격에 대한 근거까지 자세히 기술되어 있습니다. 또한, 건물 개황도와 현장 사진까지 담겨 있어 물건을 이해하고 분석하기에 더할 나위 없이 좋습니다. 여러분이 발품을 팔아야 알 수 있는 정보들을 감정평가사가 보고서로 정리해 준 것이기 때문에 천천히 잘 읽어보는 것만으로도 많은 지식을 획득할 수 있습니다.

▼ 감정평가서 안에 포함된 명세표 및 요항표 예시

그리고 주소를 입력해 로드뷰를 확인하면 아래처럼 과거와 현재를 비교해가며 실물 사진과 주변 상권, 주거 환경 등을 분석할 수 있어 집에서도 충분히 부동산 분석이 가능합니다.

결국, 공인중개사를 만나러 부동산에 가지 않아도 되는 것이지요.

▼ 2009년 8월과 2020년 7월의 산호아파트 입구 카카오맵 로드뷰

(집에서도 혼자 부동산 분석이 충분히 가능하다는 점, 안심되시죠?) 그래서 경매의 추가적인 장점은 부동산 중개보수가 들지 않는다는 것도 있습니다. 부동산 중개수수료의 경우 거래가액의 0.4~0.9%를 지급하도록 되어 있는데요. 통상적으로 0.5% 정도를 부담하는 것 같습니다. 여러분이 8천만 원으로 아파트를 구매한다면, 8천만 원의 0.5%에 해당하는 40만 원을 중개수수료로 부담해야 하는 것이 일반적일 텐데, 이 금액을 부담하지 않아도 되는 것이지요.

참고

부동산 경매 공부

이 책이 경매 전문서적이 아니다 보니 경매에 대해 아주 가볍게 맛보기로만 설명드렸어요. 이런 게 있구나… 하는 수준으로 말이죠. (사실 경매 그리고 부동산 평가 방법을 아주 깊숙이 알려드리고 싶어서 원고를 다 썼다가 지웠답니다. 사회초년생분들께 어렵기도 하고 내용이 너무 많더라고요.)

제가 '2030 부동산 경매모임'을 운영하면서 경매를 주제로 외부 초청 강의도 많이 진행하다 보니, 조만간 2030의 눈높이에 맞춘 경매 서적 역시 출간을 계획 중에 있습니다. 경매에 대한 자세한 내용은 향후 발간될 서적을 참고해주시면 감사하겠습니다.

※ 등기부등본, 건축물대장, 토지이용계획원, 입지분석, 사례분석, 좋은 물건 찾는 방법, 낙찰 및 명도 등 구체적인 경매 기초 내용과 스킬에 대해서는 다음 책에서 풀어내 볼게요!

TO DO LIST

내 집 마련의 꿈, 절대 포기하지 마세요!

주택청약은 청약 당첨을 위해서도 필요하지만, 다른 적금 상품들보다
이율이 높다는 장점도 있습니다. 그러니 청약 통장이 없다면 꼭 가입
해보시길 바랍니다.
부동산 경매! 남의 이야기처럼 들릴 수 있는 내 집 마련의 꿈을 이룰
수도 있는 재미있고 매력있는 방법입니다. 열심히 공부하고 도전해보
면 좋은 결과를 얻을 수 있으시리라 생각합니다.

- 주택청약 통장이 없다면 지금 바로 만들어보기   ☐
- 청약 통장에 월마다 납입할 금액 정해보기   ☐
- 네이버 경매 접속해보기   ☐
- 괜찮아 보이는 물건 정보의 감정평가서를 열어서 읽어보기   ☐

CHAPTER 6

이제 그만 일하고
은퇴를 하고 싶어!

- 취업은 했지만, 출근은 하기 싫어 '연금보험'

- 은퇴할 때까지 알아서 펀드로 굴려주는 '타겟데이트펀드(TDF)'

- 직장 생활을 하면서 퇴사나, 은퇴를 꿈꾼 적 없으신가요? ☐

- 은퇴 후와 같은 장기적인 미래를 고민하거나, 준비해본 적 있으신 ☐
  가요?

- 타겟데이트펀드(TDF)에 대해 들어보신 적이 있나요? ☐

처음 직장 생활을 시작하면, 그토록 바라던 취직을 했다는 기쁨과 함께 안도감을 느낍니다. 스스로 돈을 벌게 되었다는 뿌듯함도 느껴지고, 새로운 일을 배우는 것이 재미있게 느껴집니다. 하지만 어느새 반복되는 일상 속에 지루함이 느껴지고, 일에 지치기도 하고, 아무 일도 하기 싫은 상황을 경험하기도 하는데요. 그래서인지 취직을 하는 순간부터 장래희망이 '퇴사'가 된다는 말에 많은 직장 선배들이 공감합니다.

퇴사를 위해 필요한 것은 무엇일까요? '일하지 않아도 먹고 사는 데 지장 없을 만큼의 돈'이지 않을까요? 이를 다르게 표현하면 '꾸준하게 발생하는 적당한 현금흐름'이 될 것입니다.

이번에는 일하지 않아도 돈이 들어올 수 있도록 현금흐름 구조를 만드는 방법에 대해 알아보도록 하겠습니다. '지금 만 원을 쓰는 대신 나중에 2만 원을 쓰자'라는 마음으로 미래를 위해 저축하는 내용을 담고 있습니다. 연금저축과 TDF에 대해 알아볼 텐데요. 저축금액이 월 100만 원이라면 당장 목돈을 만들어야 하기에 은퇴까지 함께 준비할 여력은 없어 보이지만, 월 120만 원, 130만 원과 같이 100만 원을 초과하는 저축이 가능한 경우, 연금저축과 TDF에 각각 10만 원~20만 원씩 배분해주면 되겠습니다. 둘 다 장기적인 투자를 요하기 때문에, 꾸준히 투자할 수 있는 금액 수준이어야 합니다.

취업은 했지만, 출근은 하기 싫어 '연금저축'

여러분이 취업을 하는 순간, 국가에서는 4대보험을 징수합니다. 4대 보험에는 대표적으로 국민연금이 포함되어 있는데요. 이는 세전 월급과 세후 월급이 차이가 나는 주원인이기도 합니다. 65세부터 수령이 가능한 국민연금은 월급의 4.5%를 근로자가 부담하도록 되어 있는데요. 직장 생활을 시작하고, 25년간 국민연금을 내는 경우 200만 원을 버는 사람은 월 56만 4천 원, 250만 원을 버는 사람은 월 62만 8천 원, 300만 원을 버는 사람은 월 69만 2천 원을 받게 됩니다. 이처럼 노후 연금액이 생각 외로 적기 때문에, 국가에서 정책적으로 연금을 개인이 준비할 수 있게끔 혜택을 주고 있는데요. 이러한 세금 혜택이 있는 연금 상품을 바로 '연금저축'이라고 표현합니다. 은행, 증권사, 보험사를 통해 가입이 가능하며 '저축'이라는 단어가 반드시 들어가는 것이 포인트입니다. (연금보험과 연금저축보험은 다릅니다. 전자는 세액공제가 되는 상품이 아닙니다.)

분류	연금 3층구조	상품구분		투자대상 및 적용금리	세액 공제	원금 보장	예금자 보호	납입방식
연금	국민연금	국민연금		직접투자, 대체투자 등 다양	–	–	–	의무
	퇴직연금	퇴직연금		회사별 상이	–	–	–	회사지원
	개인 연금		연금보험	보험사 상품별 상이	X	상품별 상이	보장	월납, 일시납
		연금 저축	신탁 (은행)	주로 채권에 투자해 채권이자수익을 줌	O	보장	보장	자유납
			보험 (보험사)	금리연동형 수익 제공	O	보호	보호	매월 정액납
			펀드 (자산운용사)	주식이 포함된 포트폴리오에서 나온 실적으로 수익을 줌	O	비보장	비보장	자유납

연금저축은 금융기관마다 돈을 운용하고 수익을 주는 방식이 다르기에 아래와 같이 니즈에 맞게 선택해서 가입하면 됩니다.

- 넣고 싶을 때 넣어서 세액공제를 받고 싶고, 수익은 크게 기대하지 않는다 → 연금저축신탁(은행)
- 다달이 얼마씩 넣어서 세액공제를 받으면서 금리 연동 수익을 받고 싶다 → 연금저축보험(보험사)
- 원금보장이 안 되더라도 세액공제를 받으면서 투자 수익을 얻고 싶다 → 연금저축펀드(자산운용사)

한편, 금융감독원에서 2020년 4월 발표한 2019년 연금저축 운용현황 분석 결과 자료에 의하면, 다음과 같이 연금저축은 대부분 보험사(77.75%)에 예치되어 있으며, 월 납입액은 평균적으로 18~27만 원 사이인 것으로 나타났습니다.

구분		적립금 (억 원)	비중	19년 납입액 (억 원)	계약당 납입액	월 납입액
은행	신탁	174,000	12.13%	11,500	286만 원	24만 원
보험사	보험	1,115,000	77.75%	76,200	220만 원	18만 원
자산운용사	펀드	145,000	10.11%	13,100	321만 원	27만 원

이렇게 표와 글로 보면 이해는 되지만, 실제로 어떻게 해야 하는지를 모르기 때문에, 구체적으로 실제 '상품'을 가지고 말씀드려보겠습니다.

연금저축신탁

연금저축신탁은 금융투자업규정 개정으로 인해 2018년부터 신규판매가 중단된 바 있어 현재 신규 가입이 불가능합니다.

연금저축보험

연금저축보험의 경우, 보험사 홈페이지에 접속한 후 '다이렉트보험' 항목을 통해 가입의사를 밝히면 다음과 같이 상품설명서를 보내줍니다.

상품설명서 중간에 보면, 해지환급금 예시표를 통해 언제 얼마의 돈을 받을 수 있을지 알 수 있습니다. 변액보험에서 설명드린 바와 같이, 보험 상품의 특징은 금액 예시가 3단구조로 되어 있다는 것인데요(다른 보험상품도 동일). 왼쪽부터 상황이 안 좋을 때, 중간일 때, 좋을 때로 구성되어 있습니다. 해석해보면, 이 상품은 최저보증을 해주는데, 최저보증 이율로 계산하면 35년 뒤에는 105.5%의 수익률(안 좋을 때)을 얻을 수 있고, 2020년 평균이율이 2.5%인데, 이게 계속 적용된다면 35년 뒤 수익률이

152.2%(중간일 때)가 되며, 2.53%로 계속 적용되면 35년 뒤 수익률은 153.1%(좋을 때)가 됩니다.

○○생명
인터넷연금저축보험

※ 보험계약에 적용하는 실제이율은 공시이율이나, 본 상품설명서에는 최저보증이율, 평균공시이율(단, 공시이율 상한가) 및 공시이율을 가정하여 생명보험 상품공시 시행세칙에 따라 예시합니다.
※ '평균공시이율 2.5%(2020년 현재)'은 감독원장이 정하는 바에 따라 산정한 전체 보험회사 공시이율의 평균으로, 저년도 9월말 기준 직전 12개월간 보험회사 평균공시이율을 말합니다.
※ 최저보증이율은 가입 후 5년 이내 연복리 1.25%, 5년 초과 10년 이내 연복리 1.0%, 10년 초과시 연복리 0.5%를 말합니다.
※ 아래 예시된 연복리 2.5%는 평균공시이율 2.5%(2020년 현재)과 '공시이율 연복리 2.53%(2020년 3월 현재)' 중 작은 이율을 적용한 이율입니다.
※아래 예시된 연복리 2.53%는 2020년 3월 현재 공시이율입니다.

[단위: 원, %]

경과년도	납입보험료	최저보증이율 가정시			연복리 2.5% 가정시			연복리 2.53% 가정시		
		해지환급금	환급률	세후지급예상액	해지환급금	환급률	세후지급예상액	해지환급금	환급률	세후지급예상액
1년	387,600	368,760	95.1	307,910	369,530	95.3	308,550	369,550	95.3	308,570
2년	775,200	738,670	95.2	616,790	741,360	95.6	619,030	741,420	95.6	619,090
3년	1,162,800	1,109,470	95.4	926,630	1,115,490	95.9	931,430	1,115,630	95.9	931,550
·	·	·	·	·	·	·	·	·	·	·
25년	38,760,000	40,005,680	103.2	33,409,790	51,335,330	132.4	42,886,750	51,563,050	133.0	43,060,200
30년	46,512,000	48,538,480	104.3	40,532,720	66,015,420	141.9	55,125,960	66,341,840	142.6	55,398,520
35년	54,264,000	57,280,250	105.5	47,829,000	82,596,720	152.2	68,968,260	83,081,940	153.1	69,373,420

※ 상기 「세후지급예상액」은 연간 400만 원 한도내에서 세액공제를 받았다는 가정하에 관련세법에 따라 산출한 금액으로 해지환급금에서 세액공제혜택을 받은 보험료를 초과하여 납입한 금액을 차감한 후 기타소득세(16.5%, 지방소득세 포함)를 부과한 금액입니다.

연금저축펀드

연금저축펀드의 경우 증권사를 통해서 계좌를 만들고 투자를 할 수 있습니다. 아래의 화면은 키움증권의 연금저축 소개 화면입니다.

▼ 키움증권에서 연금저축 펀드 검색

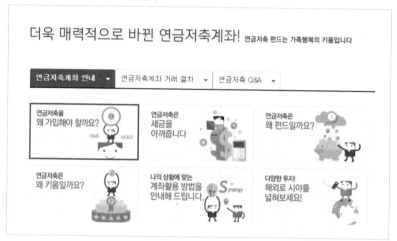

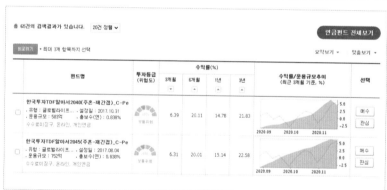

이런 식으로 연금저축 펀드를 검색해 투자할 수 있는데요. (앞에서 펀드 투자에 대해 설명드릴 때의 방식과 동일하다고 보시면 됩니다.) 증권사 홈

페이지 혹은 모바일 화면에서 '비대면 계좌개설'을 누르고 개설 유형으로 '연금저축계좌'를 선택한 다음 위의 펀드들을 구매하면 됩니다.

한편, 연금저축은 혜택과 함께 단점도 다수 존재합니다. 5년이 경과한 뒤에 인출해야 한다는 점, 55세 이후에 연금 수령을 개시해야 한다는 점을 반드시 지켜야 합니다. 그렇지 않으면, 16.5%의 기타소득세가 과세되는데, 내가 낸 금액에 대해서가 아닌, 운용으로 인한 수익에도 함께 붙게 됩니다. 중간에 뺄 생각 말고 실제로 연금처럼 써야 한다는 것이고 그렇지 않으면 패널티를 부여하겠다는 것인 셈이지요.

연간 400만 원씩 5년간 총 2,000만 원을 냈다고 해보겠습니다. 이자는 100만 원이 붙은 상황입니다. 불입하는 동안 총 330만 원(400만 원×16.5%공제×5년)의 세액공제를 받았을 것입니다. 만약 이걸 해지하게 되면, 346.5만 원(2,100만원×16.5%)의 기타소득세를 물어야 합니다. 혜택받은 금액을 다 돌려내는 것과 더불어 추가로 이자분에 대해서도 세금을 내야하는 것이지요.

주의할 점은, 연금소득을 연금 외로 수령하게 되면 '기타소득'으로 과세되며, 기타소득은 750만 원이 넘으면 다른 소득과 합산해서 계산해야 한다는 것입니다. 다만, 기타소득 중 계약금이 대체된 위약금, 배상금의 경우에는 선택적 분리과세(22%)를 적용할 수 있습니다. 아무튼 세제혜택으로 받은 금액보다 더 큰 금액을 세금으로 물어야 한다는 것을 확인할 수 있습니다.

연금저축	납입시					중도해지시	
	1년차	2년차	3년차	4년차	5년차		
불입액(월)	34	34	34	34	34	불입 시 세금혜택 받은 금액은 다시 일시금으로 반환	
불입액(년)	408	408	408	408	408		
납입총액	408	816	1,224	1,632	2,040		
세금혜택대상	400	400	400	400	400		
세금혜택	66	66	66	66	66		
총 세금혜택	66	132	198	264	330	반환	330

〈만약 연금저축에서 수익이 아래와 같이 매년 20씩 났다면〉 수익이 난 부분은 기타소득으로 과세

	1년차	2년차	3년차	4년차	5년차		
운용수익(가정)	20	20	20	20	20		
누적수익(가정)	20	40	60	80	100	기타소득세	16.5
총 잔고(가정)	428	856	1,284	1,712	2,140	총 세금	346.5

- 세액 공제 받았던 부분 → 세액 공제 당시 세율로 일괄 세금 납부
- 초과로 수익이 난 부분 → 기타소득으로 과세

(750만 원 이하는 16.5%, 초과 시 22%)

결국, 55세 이전에 해지하게 되면 '세금혜택 받은 금액 + 수익이 난 금액'에 대해서 세금을 한 번에 내야 한다는 것이 결론입니다. 혜택도 많고 종류도 다양하지만, 그만큼 주의해야 하는 점도 있는 것이 바로 연금저축입니다.

은퇴할 때까지 알아서
펀드로 굴려주는
'타겟데이트펀드(TDF)'

TDF펀드는 투자자의 은퇴시점을 목표시점(Target Date)으로 하여 생애주기에 따라 펀드 자체적으로 포트폴리오를 알아서 조정하는 자산배분 펀드입니다. TDF펀드의 특징은 펀드 이름 끝에 만기에 해당하는 숫자가 붙는다는 것인데요. 아래는 펀드슈퍼마켓에서 TDF를 검색한 내

용입니다. (펀드슈퍼마켓 사용법 및 투자방법의 경우 '펀드' 부분(127페이지)에 자세히 기술되어 있으니 먼저 참고하신 뒤 읽으시는 걸 권장합니다.)

보시는 것처럼 2025년에 만기가 도래해 사라지는 펀드부터 2055년까지 운영되는 펀드까지 다양한 상품이 존재하고 있습니다. TDF의 특징은 만기가 많이 남아 있을수록 주식 비중을 높여 공격적인 투자를 진행하고, 만기가 적게 남아 있는 경우에는 주식 비중을 줄이며 채권 비중을 높여 안정적인 투자를 지향한다는 것입니다. '만기=은퇴시점'으로 정하고 운영되는 성격이다 보니 은퇴 시점이 오래 남은 경우에는 수익을 내는 쪽에 집중하고, 은퇴가 가까워질수록 수익보다는 안정성에 집중하는 것이지요.

그리하여 TDF는 보통 '출생년도+60년=끝자리에 붙는 만기숫자'에 해당하는 펀드를 매수(=구매)하라고 추천합니다. 1995년생이라면 '1995+60=2055'이니까 TDF2055를 추천하는 것이지요. 만기별 TDF 펀드들을 살펴보자면 아래와 같습니다.

만기(TDF ####)에 들어갈 숫자	은퇴 잔여 기간	추천 출생 년도	기간별 주식비중(%)							
			잔여 35년	30년	25년	20년	15년	10년	5년	은퇴시점
			80%	78%	75%	70%	63%	54%	43%	30%
2055	35년	1995년								
2050	30년	1990년								
2045	25년	1985년								
2040	20년	1980년								
2035	15년	1975년								
2030	10년	1970년								
2025	5년	1965년								
2020	–	1960년								

※ 출생년도 + 60년 = 추천상품의 만기
※ 91~94년생인 경우 위험선호형 성향인 경우 2055, 위험회피형 성향인경우 2050을 추천 (중간년도에 태어난 경우 위험성향에 따라 선택. 숫자가 높을수록 고위험을 추구하므로 참고)

보시는 것처럼, 주식 비중이 만기에 가까워질수록, 은퇴 시점에 가까워질수록 80%에서 30%까지 줄어드는 모습을 볼 수 있습니다. 채권 비중을 높이면서 좀 더 안정적으로 펀드를 운용하게 되는 것이지요. 금융투자협회에 따르면 2014년에는 18.4억 정도였던 국내 TDF펀드 규모가 2017년에는 7,491억 원으로 크게 증가했고, 2020년에는 1조를 넘어섰다고 합니다. 그만큼 은퇴에 대한 국민들의 관심도 커졌고 TDF펀드의 수익률 및 안정성이 검증되었다고 생각할 수 있겠네요. 투자 방법은 두 가지로, TDF펀드에 불입되어 운용되는 변액보험에 가입하는 것과, 방금 알아본 연금저축펀드 계좌를 증권사에서 개설한 뒤 TDF펀드를 매수하는 것입니다.

TDF변액보험

변액보험 파트에서 설명드린 것과 같이, 보험사 홈페이지 혹은 주위 설계사를 소개받아 가입이 가능합니다. 최저보증이 되는 상품인 경우 TDF의 펀드 수익률이 마이너스가 되더라도 원금을 보전할 수 있는 장점이 있습니다. 한편, 보험사 상품 특성상 매월 정해진 금액을 정해진 시기에 납입해야만 하는 단점이 존재하기도 합니다.

연금저축펀드 계좌를 통해 TDF 매수

연금저축 내용에서 설명한 것과 같이, 증권사 비대면 계좌개설을 통해 '연금저축 전용계좌'를 개설한 뒤 펀드 검색에서 TDF를 검색해 매수하면 됩니다. 원하는 시기에 원하는 금액만큼 자유롭게 투자할 수 있다는 장점이 있지만, 예금자보호와 원금보장이 되지 않기 때문에 원금

손실에 노출될 수 있다는 단점이 존재하기도 합니다.

은퇴 후의 미래를 위한 준비!

은퇴! 머나먼 미래라고 생각할 수 있지만, 언젠가 다가올 우리의 미래입니다. 요새는 은퇴 후에도 안정적인 삶을 보장받지 못하는 시대라고들 하지요? 지금부터 어떻게 미리 준비해두는지에 따라 우리의 은퇴 후의 삶이 달라질 수 있다는 점! 명심하시기 바랍니다.

- 추가 저축이 가능하도록 여윳돈 마련해보기 ☐
- 목표했던 저축액을 넘는 여윳돈이 생긴다면, 은퇴를 위한 ☐
  저축액에 투자해보기

항목	금액	비중
저축 – 적금	＿＿＿＿＿원	＿＿＿＿＿%
저축 – ISA	＿＿＿＿＿원	＿＿＿＿＿%
저축 – CMA	＿＿＿＿＿원	＿＿＿＿＿%
은퇴준비 – 연금저축	＿＿＿＿＿원	＿＿＿＿＿%
은퇴준비 – TDF	＿＿＿＿＿원	＿＿＿＿＿%
총	＿＿＿＿＿원	100 %

PART 3

다른 사람들은
어떻게 하고 있나?

투자상품들의 위험 및 기간별 구분

지금까지 PART 1에서는 소비금액을 일정하게 정하는 것부터 시작해 소비를 줄이는 방법에 대해 알아보았고, PART 2에서는 머릿속에 떠오르는 생각과 감정을 토대로 저축과 투자에 대해 살펴보았습니다. PART 3에서는 제가 수백 번의 상담을 통해 파악한 내용을 토대로 '다른 사람들은 어떻게 하고 있고, 이상적인 저축은 어떤 것인지'에 대해 살펴볼 텐데요. 이에 앞서 PART 2 내용을 복습, 요약해보도록 하겠습니다.

	기간	은행	증권사	보험사	기타
특징		안정성	수익성	절세효과	
활용		만기이자 (목돈만들기)	투자수익 (목돈불리기)	미래가치(노후, 증여, 상속)	
저위험					
단기	1~2년	예적금	CMA		
중기	3~10년	외화예적금			부동산경매
장기	10년~	연금저축신탁 주택청약	연금저축펀드	연금저축보험	금 투자
중위험					
단기	1년 이내	ISA	채권투자 (회사채 등)		
중기	2~5년		해외배당주		P2P투자
장기	5년~		타겟데이트펀드 (TDF)	변액보험	
고위험					
단기	1달 이내				비트코인
중기	3년 이내		주식, 펀드		
장기	3년~		개발도상국 주식 투자		비상장주식 투자

보이는 것처럼, 지금까지 살펴본 상품들을 위험과 기간으로 구분 지

을 수도 있습니다. 은행 상품은 '단기, 저위험'이 많고 증권사 상품은 '중, 장기의 중, 고위험'이 많으며 보험사 상품은 '장기'가 많습니다. 지금까지 설명드린 항목들에 대해 투자를 하면서 기간과 위험을 참고하시면, '언제까지 어느 정도의 수익률을 예상하면서 투자를 해야겠다'는 감이 생기실 수 있을 거예요. 지금까지 책 내용을 토대로 체감하신 내용과 표로 분류된 위험과 기간이 다르다면, 다시 한번 고민해보고 투자를 실천하시길 권장합니다.

나이 및 연차별 목표 목돈과 투자 금융상품

구분	나이*	목표 목돈	금융 기관	주요 상품**	재테크 공부(준비)
1 ~ 3 년차	28	3,000만원	은행	적금, CMA	경제시황 공부
3 ~ 5 년차	30	7,000만원	+증권사	주식, 펀드	부동산 공부
5 ~ 7 년차	32	1억원	+부동산	부동산, 월배당주	세금 공부
7 ~ 10 년차	35	월수입+50만	ALL	본인에게 맞는 투자	재산불리기 공부

* 25세에 일을 시작했다고 가정
** 연금의 경우에는 (목표 은퇴 시점−20년)에 준비 시작을 권장

위의 표는 일반적으로 사회생활을 시작한 친구들이 연차가 쌓이면서 얼마 정도의 돈을 모으고, 어떤 상품을 주로 이용하는지에 대해 적어본 것입니다. (제가 지금까지 재무상담을 했던 내용을 기반으로 하는 것이기 때문에 일반화의 오류가 존재할 수 있으니 감안해서 봐주세요.)

표의 오른쪽에 '재테크 공부(준비)'라고 적은 부분은 제가 상담을 하

면서 해당 연차의 초년생들을 만나면 공부하라고 권장하는 부분입니다. 연차가 쌓이고 목돈이 쌓이는 것과 더불어 금융 상식과 재테크 지식도 당연히 쌓여야 하고, 이를 위해서는 공부가 필요하기 때문입니다. 구체적으로 표의 내용을 풀어서 설명하면 다음과 같습니다.

저는 3,000만 원이 모이기 전까지는 주식투자를 하지 말라고 조언하는 편입니다. 대신 3,000만 원이 모이면 주식을 본격적으로 할 수 있도록 준비해야 합니다. 주식 공부는 목돈을 모으면서 하는 것입니다. 경제 이슈가 어떻게 주식에 영향을 주는지, 세계 경제와 국내 경제의 흐름은 어떤지 등을 경제 기사와 뉴스를 보면서 파악하는 것이지요. 어느 정도 경제 흐름이 파악되었다 싶으면, 관심이 가는 산업에 속한 대기업들을 몇 개 뽑아서 주가의 흐름을 확인해봅니다. 잃지 않는 투자를 통해 큰 수익을 얻은 사람들에게 물어보면, 대부분 자신이 잘 아는 5개 이내의 대기업을 매일같이 모니터링하면서 자신이 생각하는 가격보다 싸면 사고 비싸면 판다고 합니다. 수십, 수백 개의 기업을 분석하는 것이 아니고 몇 개의 우량한 기업들을 계속 살피면서 적정 주가를 계속 확인하고 확신을 가지는 것이지요. 그러다 보면 이 정도면 투자해도 되겠다 하는 감이 생길 테고, 이때 목돈을 가지고 투자를 하는 겁니다. 확신이 생기면 투자할 수 있는 금액도 커집니다. 100만 원을 투자해서 30% 수익을 얻어 30만 원을 버는 것보다, 1,000만 원을 투자해 4%의 수익인 40만 원을 안정적으로 벌 수 있게 되지요.

3,000만 원을 모으고 난 뒤에는 주식을 통해 어느 정도 금액을 불리

면서 부동산을 공부해야 합니다. 앞선 방식대로 주식을 공부했다면, 주로 관심 가지는 종목만 살펴보기 때문에 주식 공부 및 투자에 들어가는 시간이 거의 없으실 겁니다. 매번 새로운 종목을 찾느라 고생하지 않아도 되고, 여러 산업 분야의 다양한 회사들을 모니터링하는 데 필요한 시간을 절약할 수 있게 되지요. 그렇게 절약한 시간에 부동산 공부를 해야 합니다. 앞서 알려드린 것처럼, 주택청약은 물론 부동산 경매에 대해 관심을 가지면서 소액으로 투자할 만한 물건들을 찾고, 모의투자를 해보는 등 실전 투자를 위해 준비를 해야 하는 것이지요. 이렇게 공부를 한 다음 투자에 필요한 목돈이 만들어졌다고 판단될 때 투자를 하는 겁니다.

공부하지 않고, 준비하지 않은 상태에서는 목돈이 있어도 투자를 할 수 없습니다. 이렇게 되면 결국, 통장에서 돈이 놀고 있게 되는 경우가 대부분이지요. 이런 분들은 제가 상담에서 목돈 투자 포트폴리오를 짜드려도 결국 실천하지 못하는데요. 그 이유는 잘 모른다고 생각하면서도 공부를 하지 않기 때문에 두렵고 겁이 나서입니다.

부동산 투자로 내 소유의 부동산이 하나라도 생기게 되면, 그다음부터는 세금공부를 해야 합니다. 취득세, 법무사 등기비, 재산세, 종부세, 건강보험료, 양도세 등 세금을 이해하면서 다음 투자 대상을 찾아 적금, 주식, 부동산을 적절히 섞어 재테크에 활용하는 것이지요. 이때부터는 세금을 줄여주는 재테크 수단의 중요성이 커집니다. 임대사업자를 낼 때 일반과세자로 할지, 간이과세자로 할지 등에 대해 고민하는 시기가 여기에 해당한답니다.

소자본 주식투자를 추천하지 않는 이유(당장 주식부터 하지는 말자)

코로나가 터지고 난 뒤, 해외 주요 증시 및 국내 증시가 급락 및 반등했습니다. 우리나라에서 시총이 제일 큰 기업인 삼성전자의 주가가 오르락내리락했지요. 외국인 주주들이 삼성전자 주식을 계속 팔게 되면서 삼성전자 주식의 가격이 계속 떨어졌지만, 많은 내국인들이 삼성전자 주식을 사면서 가격이 더 떨어지지 않게끔 막았습니다. 가격이 저렴해진 삼성전자 주식을 사는 사람들의 마음속에는 내심 '삼성전자는 괜찮은 기업이고 주가가 일시적으로 떨어지는 것일 테니 지금이 싸게 사서 돈을 벌 수 있는 기회다'라는 생각도 있었을 것입니다. 이런 사회 현상을 두고 '동학개미운동'이라는 신조어가 등장하기도 했습니다.

그래서인지, 코로나가 문제되기 전과 후의 재테크에 대한 시각이 많이 바뀌었습니다. 사회초년생 상당수가 주위에서 주식을 하는 선배들과 동기들을 본 후, 자신도 해야 겠다는 생각을 가지기 시작했고, 실제로도 상당수의 초년생들이 주식을 하고 있습니다. 저는 주식 스터디와 소모임이 엄청난 속도로 활성화되는 모습을 보며 속으로 안타까웠습니다. 일반인들에게 주식은 '대박', '한방'의 이미지가 크고, 실제로 왜 주식을 하냐고 신입들에게 물어보면 비슷한 답변을 하는 경우가 많았기 때문입니다.

그런데, 얼마의 돈으로 투자하냐고 물어보면 대부분 500만 원을 넘지 않았습니다. 투자한 종목에 대해 물어보면, '주위에서 좋다고 해서' 투자했다는 경우가 가장 많았는데요. 제대로 알지 못하고 하는 투자는 도박과 같습니다. 이길 확률보다 결국 질 확률이 더 크지요. 당장은 수익을 볼 수 있더라도 결국 손해를 볼 가능성이 큽니다. 사람들은 누구나 자기효능감('나는 달라, 나는 잘 될 거야, 나는 할 수 있어')을 가지고 있기 때문에, 주위에서 말리거나 제재를 해도 듣지 않는 경우가 많습니다.

그런데 도박은 사회악으로 치부되며 금기시되는 반면, 주식은 성격이 비슷한데도 오히려 장려되고 있는 것이 아이러니하기도 합니다. 내가 투자한 회사가 어떻게 수익을 내는지, 내가 투자한 회사가 속한 산업 분야가 지금까지 어떻게 성장했고 앞으로의 전망은 어떤지, 내가 투자한 회사가 해당 산업군에서 위치가 어떤지, 글로벌 경쟁력은 있는지, 현재 매출과 이익을 토대로 계산한 회사 규모와 시가총액(총 유통 주식 수×현재 주식 가격)을 비교했을 때 얼마나 차이가 나는지를 설명할 수 없다면, 투자가 아닌 투기이자 도박을 하고 있는 것이라고 보면 됩니다.

'투기라도 좋고 도박이라도 좋은데 돈은 벌고 싶다'라고 생각하시는 분도 계실 겁니다. 그렇다면 크게 배팅해보시는 것은 어떨까요? 수중에 있는 100만 원, 200만 원으로 20% 수익을 얻어 봤자 50만 원도 되지 않습니다. 50% 수익이 나도 월급만큼의 수익조차 나지 않지요. 차라리 종잣돈을 모으고, 그 돈을 모으는 동안 주식 공부를 해서 크게 투자하시는 것이 더 낫지 않을까요?

지금 통장에 당장 날려도 상관없는 돈이 3,000만 원도 없다면 주식하지 마세요. 지금은 주식을 할 때가 아닙니다. 당장은 어떻게든 3,000만 원이라는 종잣돈을 최대한 잃지 않고 무난히 만들 수 있도록 노력해야 합니다. 주식이라는 것이 돈을 잠깐 넣었다가 오르면 수익을 보고, 금세 빼서 이득을 보고 싶은데 막상 수익 대신 손해가 나게 되면 본전 생각이 나서 다시 쉽게 찾질 못합니다. 그렇게 원치 않는 장기 투자를 하게 되어 버리는 것이지요.

함부로 주식 하지 마세요. 목돈 모으면서 제대로 준비해서 시작하세요. 자칫 잘못하면 남들보다 훨씬 고생합니다.

추천하는 실천방안: 포트폴리오 작성

이어서 재무상담을 통해 알게 된 표준화된 포트폴리오를 말씀드릴 텐데요. 계속 강조하여 말씀드리지만, 재테크는 실천이 최우선입니다. '공부하고 지식을 습득한 뒤 실천해야겠다'라는 생각보다는, '실천을 토대로 지식을 습득하면서 알아야 할 내용이 생기면 이걸 공부하겠다'라는 생각으로 임해야 합니다.

- 일반 업무 접근 방식 : 공부 및 지식 습득 → 필요 업무 파악 → 업무 진행(실천)
- 재테크 접근 방식 : 실천 및 투자 (작은 규모) → 투자 흐름 및 구조 파악 → 공부 및 지식 습득 (이후 필요시 투자 규모 확대)

따라서 책을 덮으시기 전에 반드시 지금까지 읽은 내용을 토대로 실천 우선순위를 정하신 다음 이를 포트폴리오로 구성해보시길 바랍니다. '어떤 항목에 얼마의 금액을 투자해봐야겠다'라는 식의 생각을 적어보고 행동에 옮기는 것인데요. 투자에 있어 자본이 더 필요하거나 당장은 신경 쓸 여력이 되지 않는 항목들의 경우에도 '언제 실천을 해야 겠다'라는 향후의 플랜까지 만들어 두시는 게 좋습니다. 사례에 대한 내용을 바로 이어서 보시겠습니다.

종합재무상담 사례

실제로 상담에서는 월급 중 소비는 40%, 저축은 60% 정도를 이상적 이라고 정하고(250만 원 중 100만 원은 소비, 150만 원은 저축) 저축 금액은 월급의 4%는 비상금, 16%는 단기, 24%는 중기, 16%는 장기 정도로 배분하라고 하는 편입니다. (월급을 250만 원으로 가정하고 기준으로 잡아 본 것이라 월 급여에 따라 편차가 존재합니다. 참고만 해주세요.) 포트폴리오 구성 사례는 아래와 같습니다.

월급 관리 플랜 (단위 : 만 원)		월수입	250	100%	단기+비상금		중기		장기	
소비	100	40%	저축	150	60%	적금	20	해외배당주	20	연금보험	10
주거지출	30	12%	비상금	10	4%	CMA	10	P2P 등	10	변액보험	10
생활지출	40	16%	단기	40	16%	채권	10	국내외주식	20	개도국 투자	10
문화지출	20	8%	중기	60	24%	ISA	10	국내외펀드	10	환급형 보험	10
기타지출	10	4%	장기	40	16%	합계	50	합계	60	합계	40

다만, 보시는 바와 같이 하나의 상품에 집중하기보다는 다양한 상품을 종합적으로 추천하며, 대신 시기별로 집중해야 할 대상을 정해줍니

다. 이러한 구성은 '전문가의 관리'를 기반으로 하기에 혼자 하실 때는 하나 혹은 두 개의 상품만을 중심으로 포트폴리오를 구성하시기를 추천합니다.

포트폴리오를 살펴보면, 기간별로 다양한 금융기관의 상품들을 골고루 이용하는 것을 확인하실 수 있습니다. 거의 다 앞에서 설명했던 부분이라 내용이 쉽게 떠오르실 겁니다. 한편, 장기의 경우 개발도상국투자와 환급형보험이 포함되어 있는데요. 고위험 성격의 개발도상국 투자를 내담자가 부담스러워할 경우, 해당 금액만큼을 중기로 옮기기도 합니다. 보험의 경우에는 불입 기간 동안 병에 걸리지 않더라도 다 내고 나면 돈을 90%이상 돌려주는 비갱신 환급형만 추천하는 편이며, 이 역시도 이미 잘 준비되어 있는 경우 혹은 부모님이 불입해주는 경우에는 해당 금액만큼 중기로 옮기거나 연금에 보충합니다.

앞의 포트폴리오는 정답이 아니며, 연차별로 한두 가지의 상품에 집중하면서 돈을 모으는 것이 더 유리할 수 있습니다. 한편, 이와 같은 포트폴리오에 대한 구성은 보통 현장 상담을 통해 개개인의 목표와 성향 판단을 기초로 이루어지다 보니, 일률적으로 책을 통해 정해드릴 수 없는 점은 감안해 주시길 부탁드립니다. (그런 의미에서 오프라인 상담이나 온라인 화상 상담 또한 진행하고 있으며, 관련 커뮤니티에서 전문가들을 섭외, 양성해 상담에 투입하고 있습니다.)

당부드리고 싶은 부분으로, 재테크는 남이 대신해줄 수 없다는 사실을 명심하셨으면 좋겠습니다. 다이어트를 남이 대신해줄 수 없는 것처럼요. 결국, 여러분이 고민해보고 결정하고 실천해야 실력이 쌓이고, 나중에 혼자서도 가치판단을 할 수 있게 됩니다. 그렇게 만들어 드리기 위해 구체적으로 어떻게 실행에 옮길 수 있을지를 고민해 책 내용에 반영했으니, 꾸준히 옆에 두시고 실행 지침서로 활용하셨으면 하는 바람입니다.

이제는 책을 덮고 실천할 때

구분	나이	목표 목돈	금융 기관	주요 상품	재테크 공부(준비)	목표
1~3년차	28	3,000만 원	은행	적금, CMA	경제시황 공부	목돈 만들기
3~5년차	30	7,000만 원	+증권사	주식, 펀드	부동산 공부	목돈 불리기
5~7년차	32	1억 원	+부동산	부동산, 월배당주	세금 공부	수입 늘리기
7~10년차	35	월수입+50만 원	ALL	본인에게 맞는 투자	재산불리기 공부	재산 불리기

앞서 기준으로 잡아드린 내용에 목표 항목을 추가해보았습니다. 결국, 여러분이 사회초년생으로 돈을 모으기 시작해서 '목돈 만들기 〉목돈 불리기 〉수입 늘리기'를 거쳐 경제적 자유를 획득하고, 재산을 불리는 단계까지 다다르셨으면 합니다. 그러기 위해서는 당장 일확천금을 노리기보다는 내게 맞는 투자가 무엇인지, 흥미가 가는 금융상품 그리고 부동산 유형이 무엇인지를 공부하고 실제로 투자하겠다는 마음으로 공부해야 합니다.

당장 실천해보세요. 언제까지 얼마를 모을 것이고, 그걸로 어떤 투자를 할 것인지, 10년간의 재무 계획을 세워보세요. 위에서 말씀드린 것처럼 투자 우선순위를 정하고, 포트폴리오를 만들어 본 뒤 일단 행동에 옮기세요. 경험을 통해 지식이 쌓이고 공부가 되면서 자연스레 흐름과 구조가 눈에 들어오게 될 거예요.

살면서 일상과 소비를 분리할 수 없는 것처럼, 인생과 재테크는 떼어놓고 생각할 수 없습니다. 따라서 10년 치 재무 계획과 투자 포트폴리오를 작성하게 되면 자연스레 내 미래를 그려보고 원하는 모습으로 만들기 위한 방향을 잡게 될 것입니다. 앞으로 어떻게 살아야 하고, 어떤 목표를 가지고 사회생활에 임해야 하는지 등에 대한 생각도 자연스레 하게 될 겁니다. 여러분의 재테크 공부와 실천이 여러분의 삶을 다방면에서 풍요롭게 해주기를 바랍니다.

여러분들의 성공적인 재테크 입문 그리고 성장을 응원합니다.

TO DO LIST

10년간의 재무계획 세워보기!

이제 다 왔습니다. 실천할 일만 남겨놓고 있어요. 체계적인 실천을 위해 10년간의 재무계획을 한 번 세워보도록 합시다. 예시를 참고해서 직접 작성해보세요.

▼ 예시

올해 저축 목표 : 1,400만 원				각오 및 다짐: 올해는 해외투자를 공부해서 개발도상국과 배당주에 투자해보자!			
구분	년도	나이	통장 잔고 (새해)	목표 저축액 (연간)	이벤트 지출 & 투자	이벤트 (예상)	목표
올해	2021년	25	500	1,400			
1년 후	2022년	26	1,900	1,500			
2년 후	2023년	27	3,400	1,600			
3년 후	2024년	28	5,000	1,600	1,000	차 사기	
4년 후	2025년	29	5,600	1,200	3,000	결혼	결혼하기
5년 후	2026년	30	3,800	1,600			
6년 후	2027년	31	5,400	1,700	7,000	내 집 마련	집 사기
7년 후	2028년	32	100	1,700	1,000	자녀 출산	
8년 후	2029년	33	800	1,800			
9년 후	2030년	34	2,600	2,000			
10년 후	2031년	35	4,600	2,000	6,000	부동산 투자	월세 받기

3년 뒤 나의 모습 : 5,000만 원을 모아서 차를 사고 주말에 바람 쐬러 다니고 싶다.

5년 뒤 나의 모습 : 결혼하기. 착하고 대화가 잘 통하는 사람과 하게 되었으면 좋겠다.

7년 뒤 나의 모습 : 내 집 마련. 그리고 아이 낳기. 크진 않아도 내 집이었으면 좋겠다.

10년 뒤 나의 모습 : 월세 50만 원을 받는 오피스텔을 가지고 싶다.

▼ 작성해보기

올해 저축 목표 :		만원		새해 각오 및 다짐 :			
구분	년도	나이	통장 잔고 (새해)	목표 저축액 (연간)	이벤트 지출 & 투자	이벤트 (예상)	목표
올해							
1년 후							
2년 후							
3년 후							
4년 후							
5년 후							
6년 후							
7년 후							
8년 후							
9년 후							
10년 후							

3년 뒤 나의 모습 :

5년 뒤 나의 모습 :

7년 뒤 나의 모습 :

10년 뒤 나의 모습 :

돈 좀 모아볼까? 따라하는 재테크

초판 1쇄 발행   2020년 12월 22일

지은이   김경환

펴낸이   신민식
펴낸곳   가디언
출판등록   제2010-000113호

주소   서울시 마포구 토정로 222 한국출판콘텐츠센터 306호
전화   02-332-4103
팩스   02-332-4111
이메일   gadian7@naver.com
홈페이지   www.sirubooks.com

ISBN 979-11-89159-75-7 (03320)

이 도서의 국립중앙도서관 출판예정도서목록(CIP)은 서지정보유통지원시스템 홈페이지
(http://seoji.nl.go.kr)와 국가자료공동목록시스템(http://www.nl.go.kr/kolisnet)에서 이용
하실 수 있습니다.(CIP제어번호: CIP 2020052190)